T0239481

Thomas Wölfl

Formale Modellierung von Authentifizierungs- und Autorisierungsinfrastrukturen

INFORMATIK

Thomas Wölfl

Formale Modellierung von Authentifizierungs- und Autorisierungsinfrastrukturen

Authentizität von deskriptiven Attributen
und Privilegien auf der Basis
digitaler Zertifikate

Mit einem Geleitwort von Prof. Dr. Peter Lory

Deutscher Universitäts-Verlag

Bibliografische Information Der Deutschen Nationalbibliothek
Die Deutsche Nationalbibliothek verzeichnet diese Publikation in der
Deutschen Nationalbibliografie; detaillierte bibliografische Daten sind im Internet über
<http://dnb.d-nb.de> abrufbar.

Dissertation Universität Regensburg, 2006

1. Auflage September 2006

Alle Rechte vorbehalten
© Deutscher Universitäts-Verlag | GWV Fachverlage GmbH, Wiesbaden 2006

Lektorat: Brigitte Siegel / Britta Göhrisch-Radmacher

Der Deutsche Universitäts-Verlag ist ein Unternehmen von Springer Science+Business Media.
www.duv.de

Umschlaggestaltung: Regine Zimmer, Dipl.-Designerin, Frankfurt/Main
Druck und Buchbinder: Rosch-Buch, Scheßlitz
Gedruckt auf säurefreiem und chlorfrei gebleichtem Papier
Printed in Germany

ISBN-10 3-8350-0498-0
ISBN-13 978-3-8350-0498-6

Geleitwort

In den letzten Jahrzehnten wurde mit riesigen Anstrengungen das Internet als eine weltweite Infrastruktur von Datennetzen ausgebaut. Um diese technische Basis für E-Commerce und E-Business zuverlässig nutzen zu können, bedarf es der kryptographischen Instrumente der digitalen Signatur und der Verschlüsselung von Nachrichten. Dazu sind Public-Key-Infrastrukturen unverzichtbar. Phil Zimmermann, der Autor der bekannten Verschlüsselungssoftware PGP, schreibt dazu: *This whole business of protecting public keys from tampering is the single most difficult problem in practical public key applications.* In diesem Kontext sind formale Modelle für Public-Key-Infrastrukturen außerordentlich hilfreich. Bisherige Modelle sind jedoch in einem wesentlichen Punkt unvollständig, nämlich in der fehlenden Berücksichtigung des Rückrufs von Zertifikaten. In der Literatur ist dies seit längerer Zeit als wichtiges und schwieriges Problem bekannt. Genau diese Aufgabe greift Herr Wölfl in seiner Arbeit auf und löst sie absolut überzeugend.

Die erwähnten Erfolge konnte Herr Wölfl nur erzielen durch zahlreiche neue und originelle Ideen. Seine Arbeit beschränkt sich nicht auf klassische Public-Key-Infrastrukturen (welche die Authentifizierung im Fokus haben). Vielmehr hat Herr Wölfl in breiterer Perspektive auch die flexible Verwaltung von Berechtigungen im Fokus und zielt damit auf Authentifizierungs- und Autorisierungsinfrastrukturen. Scharfsinnig nutzt Herr Wölfl die Möglichkeiten dieser neuen Strukturen und erarbeitet sich durch die innovative und originelle Unterscheidung zwischen deskriptiven Attributen und Privilegien den Schlüssel zur Lösung des im ersten Abschnitt genannten Problems. Eine bemerkenswerte Innovation stellt auch die Aufdeckung einer Schwachstelle im sog. Kettenmodell dar, welches zur Überprüfung von Zertifikationsketten vom BSI (Bundesamt für Sicherheit in der Informationstechnik) empfohlen wird. Konsequenterweise präferiert Herr Wölfl in seiner Arbeit das sog. Schalenmodell, welches im internationalen Bereich ohnehin bevorzugt wird.

Mit dem neuen Modell und dem darauf basierenden PROLOG-Programm steht erstmals ein hinreichend realitätsnahes Instrument zur Verfügung, das dem Anwender eine klare Entscheidungsgrundlage im Umfeld von Public-Key- und Authentifizierungs- und Autorisierungsinfrastrukturen in die Hand gibt. Es erlaubt dem Benutzer konkrete Anfragen, ob im Rahmen der ihm zur Verfügung stehenden Informationen die Bindung eines Attributs an eine Entität authentisch ist oder nicht. Sozusagen „auf Knopfdruck" liefert das Programm dann eine Ja-/Nein-Antwort. Dies gilt mit der Ausnahme eines paradoxen Falls, bei dem eine solche Antwort prinzipiell unmöglich ist und der vom Programm automatisch identifiziert wird. Entscheidend hierfür ist eine raffinierte Technik der Zykluserkennung, welche garantiert, dass das Programm in jedem Fall nach endlich vielen Schritten ein Ergebnis liefert. Als Option kann zusätzlich die gefundene Zertifikationskette angefordert werden. Es ist von hoher ökonomischer Relevanz, dass das Modell und das darauf aufbauende Programm die Möglichkeit des Rückrufs von Zertifikaten vorsieht. Bekanntermaßen nehmen die Kosten für Rückrufe (falls – wie üblich – über Listen organisiert) den weitaus größten Teil der Gesamtkosten für eine Public-Key-Infrastruktur ein. Alle Teile des Modells sind kompatibel mit dem weit verbreiteten X.509-Standard für Zertifikate.

Die vorliegende Arbeit vereint in beeindruckender Weise Theorie und Praxis. Sie wendet sich an Wissenschaftler sowohl aus dem Bereich der Künstlichen Intelligenz als auch aus dem der Informationssicherheit. Aber auch der Praktiker, der sich mit der Konzeption von Authentifizierungs- und Autorisierungsinfrastrukturen befasst, wird auf seine Kosten kommen.

Prof. Dr. Peter Lory

Danksagung

Ich möchte an dieser Stelle all denjenigen meinen Dank aussprechen, die mich bei meiner Tätigkeit im Rahmen der vorliegenden Arbeit gefördert und unterstützt haben.

An erster Stelle danke ich meinem Doktorvater Herrn Professor Dr. Peter Lory sehr herzlich für die Anregung und die engagierte Betreuung der Arbeit. Ohne den Freiraum bei der Themenbearbeitung einzuschränken, stand Professor Lory doch jederzeit zur Verfügung, um an schwierigen Stellen die Arbeit mit Hinweisen und Hilfestellungen zu unterstützen. Außerdem möchte ich Herrn Professor Dr. Dieter Bartmann für seine Unterstützung und für die Übernahme des Zweitgutachtens danken.

Ich danke all jenen Freunden und Kollegen am Institut für Wirtschaftsinformatik der Universität Regensburg, die durch guten Rat und wertvolle Anregungen zum Gelingen der Arbeit beigetragen haben. Herrn Thorsten Kästl und Frau Kathrin Holl danke ich dafür, dass sie mir bei der mühevollen Arbeit des Korrekturlesens geholfen haben. Schließlich danke ich meiner lieben Freundin Katrin Stockinger ganz herzlich für ihren fortwährenden Rückhalt und ihre Unterstützung.

Die Arbeit wurde dankenswerterweise gefördert durch ein Promotionsstipendium des Freistaats Bayern.

Thomas Wölfl

Inhaltsverzeichnis

Abbildungsverzeichnis

Tabellenverzeichnis

1 Einleitung

Informationssicherheit und Zugriffskontrolle sind entscheidende Faktoren für den Erfolg moderner Computeranwendungen, die ein offenes Netzwerk wie das Internet als Kommunikationsplattform nutzen. Authentifizierungs- und Autorisierungsinfrastrukturen (AAI) schaffen die Grundlagen, um diese Ziele in einem offenen Netzwerk zu erreichen. Die vorliegende Arbeit stellt ein formales Modell für PKI-basierte Authentifizierungs- und Autorisierungsinfrastrukturen vor. Ein Schwerpunkt der Arbeit ist die Modellierung von zeitlichen Aspekten wie Gültigkeitsdauer und Rückruf von digitalen Zertifikaten. Zur Relevanz dieser Problemstellung schreibt Maurer [37]:

> An interesting but non-trivial problem is to incorporate public-key revocation into the model.

Ein weiterer Schwerpunkt ist die Modellierung der Zertifikation von Attributen. Die Authentizität eines Attributs ist eine Grundlage zur Authentifizierung oder zur Autorisierung eines Benutzers. Die Arbeiten [4, 10, 28, 30, 35, 37, 43] stellen Modelle für Public-Key-Infrastrukturen (PKI) vor. Hierbei steht die Authentizität eines kryptographischen öffentlichen Schlüssels im Mittelpunkt. In der vorliegenden Arbeit wird ein öffentlicher Schlüssel als ein spezielles Attribut betrachtet. Somit umfasst das AAI-Modell die Authentifizierung von öffentlichen Schlüsseln sowie die Authentifizierung anderer Attribute. Beispiele für Attribute sind biometrische Referenzmuster, Zugriffsprivilegien, Rollen oder Haftungserklärungen.

Das Modell beschreibt eine AAI, die durch die Kombination einer Public-Key-Infrastruktur und einer Privilege-Management-Infrastruktur (PMI) entsteht. Lopez, Oppliger und Pernul [34] vergleichen diesen Ansatz einer PKI-basierten AAI mit zwei Alternativen (siehe Tabelle 1.1). Die Autoren schreiben hierzu:

> Although this makes it difficult to compare them with each another, we think that PKI-based AAIs provide a sophisticated solution that is state-of-the-art [...]

Die Arbeit [36] stellt einen Vorschlag zur Erweiterung des Maurerschen Modells [37] um Rückruf und Gültigkeitsdauer vor. Der Anwender bestätigt die Gültigkeit eines Zertifikats durch ein „validity template". Hierfür sieht die Arbeit aber keine Ableitungsregel vor. Die Beurteilung der Gültigkeit eines Zertifikats an einem bestimmten Zeitpunkt ist dem Anwender des Modells überlassen. Das AAI-Modell der vorliegenden Arbeit nimmt dem Anwender die Entscheidung über die Gültigkeit von Zertifikaten ab. Dem AAI-Modell werden die beobachteten Ereignisse (Gültigkeitsbeginn, Gültigkeitsende und Rückruf von Zertifikaten) vorgegeben. Auf dieser Grundlage wird die Entscheidung über die Gültigkeit eines Zertifikats mit Hilfe der Axiome des AAI-Modells getroffen.

Evaluations- kriterium	Microsoft .NET Passport	Kerberos- basierte AAIs	PKI- basierte AAIs
Sicherheit	+	+	++
Effizienz	+	+	++
Skalierbarkeit	−	−	++
Interoperabilität	−	+	++
Delegation	−	++	++
Rückruf	++	++	−−
Geheimhaltung	−−	−	+
Mobilität	+	−	−
Mobile computing	+	−	−

Tabelle 1.1: Evaluation verschiedener Ansätze zur Realisierung einer AAI

Zusammenfassend stellt die vorliegende Arbeit ein AAI-Modell vor, das es ermöglicht, die Authentizität eines Attributs für einen bestimmten Zeitpunkt formal zu beweisen. Es berücksichtigt dabei die Gültigkeitsdauer und den Rückruf von digitalen Zertifikaten.

Überblick

Das AAI-Modell teilt die zu authentifizierenden Attribute in zwei Gruppen ein. Deskriptive Attribute beschreiben die Eigenschaften einer Entität. Privilegien sind Berechtigungen, die im Gegensatz zu deskriptiven Attributen durch eine Delegation weitergereicht werden können. Das Vertrauen in den Aussteller eines digitalen Zertifikats wird als Privileg zum Ausstellen von Zertifikaten modelliert. Dieses Privileg kann durch Attribut-Zertifikate vergeben und delegiert werden. Auch das Privileg zum Rückruf eines Zertifikats kann mit Hilfe von Attribut-Zertifikaten zugewiesen werden. Dieser Ansatz lässt sich mit existierenden Zertifikat-Standards unmittelbar in die Praxis übertragen.

Die Kapitel 2 und 3 stellen eine Praxisuntersuchung von Public-Key- und Privilege-Management-Infrastrukturen vor. Es werden Grundlagen wie digitale Zertifikate, Zertifikationsketten, der X.509 Zertifikat-Standard, Vertrauensmodelle und die Delegation von Privilegien beschrieben.

Das Kapitel 4 gibt einen Überblick über Zertifikat-Rückruftechniken aus Theorie und Praxis. Es schafft die Basis für die Modellierung der Zertifikat-Rückrufe. Kapitel 5 befasst sich mit Gültigkeitsmodellen. Hierbei geht es um die Frage, welche Bedingungen die einzelnen Zertifikate einer Zertifikations- bzw. Delegationskette erfüllen müssen, so dass die Kette insgesamt gültig ist. Es wird eine Schwäche des Kettenmodells im Zusammenhang mit Zertifikat-Rückrufen beschrieben. Aufgrund dieser Schwachstelle ist das Schalenmodell dem Kettenmodell vorzuziehen. Das Schalenmodell wird für die AAI-Modellierung verwendet. In Kapitel 6 werden die Ergebnisse des Praxisteils zusammengefasst. Es beschreibt die Wechselbeziehungen von Zertifikations- und Delegationsketten.

Kapitel 7 stellt das formale AAI-Modell vor. Der Kern des Modells besteht aus acht Axiomen, die in der Prädikatenlogik erster Stufe formuliert sind. Die AAI wird aus der Perspektive des Benutzers modelliert, der sich für die Authentizität eines Attributs einer Entität interessiert. Dieser Benutzer fügt seine Sicht der AAI zu den Axiomen hinzu.

Anschließend prüft er, ob die Authentizität des Attributs für einen bestimmten Zeitpunkt eine logische Konsequenz aus der Vervollständigung dieser Formelmenge ist. Ist das der Fall, so steht aus Sicht des prüfenden Benutzers fest, dass die Authentizität des Attributs gewährleistet ist. Die Zertifikate und Rückrufe der AAI lassen sich in einem Zertifikationsgraphen darstellen. Außerdem wird die Widerspruchsfreiheit der prädikatenlogischen Formeln des AAI-Modells unter einer Voraussetzung gezeigt, die sich mit Hilfe des PROLOG-Programms des folgenden Kapitels überprüfen lässt.

Das Kapitel 8 präsentiert ein PROLOG-Programm zur automatischen Attribut-Authentifizierung nach den Vorgaben des AAI-Modells. Der Benutzer übergibt dem Programm seine Sicht der AAI. Daraufhin stellt er dem Programm eine Anfrage nach Attribut-Authentizität für einen bestimmten Zeitpunkt. Ein Ergebnis ist die Korrektheit des PROLOG-Programms: Findet das Programm eine Ableitung zu einer Anfrage, so ist die Authentizität des zu prüfenden Attributs eine logische Konsequenz aus der Vervollständigung der Axiome und der Formeln, die der AAI-Sicht des Benutzers entsprechen. Weiterhin wird die Termination aller Programmläufe gezeigt.

Kapitel 9 enthält Beispiele für die Anwendung des Modells. Darunter befinden sich Beispiele zur Modellierung einer PKI, zur Delegation von Privilegien und zur Zertifikation von biometrischen Referenzmustern und Haftungserklärungen. Ein Beispiel zeigt den widerspruchsvollen Fall eines Rückrufs, der sich auf ein Zertifikat bezieht, das zur Authentifizierung des Rückrufs benötigt wird.

2 Public-Key-Infrastrukturen

Dieses Kapitel bietet einen Überblick über Public-Key-Infrastrukturen in der Praxis. Es werden grundlegende PKI-Konzepte wie digitale Zertifikate, Zertifikationsketten, Gültigkeitsdauer von Zertifikaten, Rückruf von Zertifikaten und Vertrauensmodelle vorgestellt. Am Ende des Kapitels wird das deterministische PKI-Modell nach Maurer [37] beschrieben.

2.1 Public-Key-Kryptographie

Die Public-Key-Kryptographie setzt zur Verschlüsselung und zur Entschlüsselung zwei unterschiedliche, miteinander verwandte Schlüssel ein. Aus diesem Grund wird sie auch als asymmetrische Kryptographie bezeichnet. Die verwendeten Schlüsselpaare bestehen aus einem öffentlichen Schlüssel und einem zugehörigen privaten Schlüssel. Obwohl es einen klar definierten Zusammenhang zwischen den beiden Schlüsseln gibt, ist es nicht mit vertretbarem Aufwand möglich, aus der Kenntniss des öffentlichen Schlüssels den zugehörigen privaten Schlüssel zu bestimmen (Public-Key-Eigenschaft).

Privater Schlüssel   Eigentümer   Öffentlicher Schlüssel

Abbildung 2.1: Ein Schlüsselpaar ist einem Eigentümer zugeordnet

Für die Anwendung der Public-Key-Kryptographie wird ein Schlüsselpaar einem Eigentümer zugeordnet (vgl. Abbildung 2.1). Der öffentliche Schlüssel wird für jedermann frei zugänglich gemacht. Der private Schlüssel muss vom Eigentümer des Schlüsselpaars geheim gehalten werden. Dieses Prinzip wurde erstmals in einer Arbeit von Diffie und Hellman [12] im Jahr 1976 vorgestellt. Die Public-Key-Kryptographie kann für zwei Anwendungsbereiche eingesetzt werden: Zur Verschlüsselung und zur digitalen Signatur.

2.1.1 Public-Key-Verschlüsselung

Wie üblich, werden die beiden Kommunikationspartner des kryptographischen Protokolls im Folgenden mit den Namen Alice und Bob bezeichnet. Alice verfolgt das Ziel, dem Teilnehmer Bob eine geheime Nachricht über einen ungesicherten Kanal (z. B. über das Internet) zu übertragen. Abbildung 2.2 zeigt den schematischen Ablauf einer Verschlüsselung. Die geheime Nachricht m liegt Alice im Klartext vor. Außerdem ist Alice Bobs öffentlicher Schlüssel pb bekannt. Sie verschlüsselt die Klartextnachricht m, in-

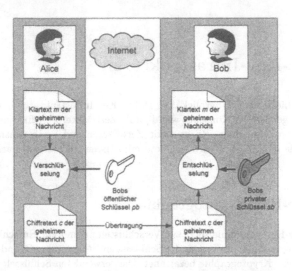

Abbildung 2.2: Schematischer Ablauf einer Verschlüsselung

dem sie eine Public-Key-Verschlüsselungsfunktion E_p (z. B. RSA [54]) auf den Klartext anwendet. Als Schlüssel p setzt sie Bobs öffentlichen Schlüssel pb ein:

$$c = E_{pb}(m)$$

Es entsteht die verschlüsselte Nachricht c (Chiffretext), die ohne Bedenken über einen ungesicherten Kanal übertragen werden kann. Bob kann die verschlüsselte Nachricht mit Hilfe des nur ihm bekannten privaten Schlüssels sb dechiffrieren. Er verwendet dazu die zu E_p gehörende Entschlüsselungsfunktion D_s. Als Schlüssel s setzt Bob seinen privaten Schlüssel sb ein:

$$D_{sb}(c) = D_{sb}(E_{pb}(m)) = m$$

2.1.2 Digitale Signatur

Neben der Verschlüsselung bietet die Public-Key-Kryptographie eine digitale Signatur, welche ein vollwertiges Äquivalent zur handschriftlichen Unterschrift darstellt. Die digitale Signatur sichert die Integrität, die Authentizität und die Verbindlichkeit einer Nachricht. Der Ablauf ist in Abbildung 2.3 dargestellt. Zunächst bildet Bob den Hashwert[1] der zu unterzeichnenden Nachricht m mit Hilfe einer öffentlich bekannten Hashfunktion h. Zur Erstellung der Signatur wendet Bob die Public-Key-Signaturfunktion S_s auf den Hashwert der Nachricht an. Als Schlüssel s setzt er seinen privaten Schlüssel sb ein:

$$sig = S_{sb}(h(m))$$

---

[1]Der Hashwert wird gebildet, um das Problem der Nachrichtenexpansion zu lösen und den Angriff der existentiellen Fälschung zu verhindern. Siehe dazu [40].

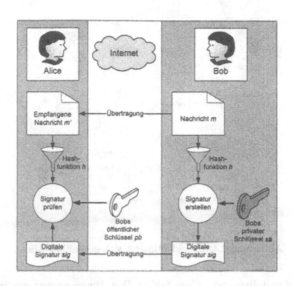

Abbildung 2.3: Schematischer Ablauf einer digitalen Signatur

Es entsteht die digitale Signatur *sig*, die zusammen mit der Nachricht an Alice übertragen wird. Zur Überprüfung der Signatur geht Alice in zwei Schritten vor. Zunächst wendet sie auf die empfangene Nachricht m' genau die Hashfunktion h an, die auch von Bob eingesetzt wurde. Es ergibt sich der Hashwert der empfangenen Nachricht. Außerdem wendet Alice die zu S_s gehörende Signatur-Verifikationsfunktion V_p unter Bobs öffentlichem Schlüssel pb auf die empfangene Signatur und den Hashwert der empfangenen Nachricht an. Falls die Signatur tatsächlich mit Bobs privatem Schlüssel erstellt wurde und falls die Nachricht unverändert übertragen wurde, ist das Ergebnis der Signaturprüfung positiv:

$$V_{pb}(sig, h(m')) = \text{„true"}$$

In diesem Fall steht fest, dass die Nachricht tatsächlich von Bob signiert wurde. Niemand sonst kennt den privaten Schlüssel, zu dem Bobs öffentlicher Schlüssel passt.

Benutzerauthentifikation

Wie gerade beschrieben, kann die digitale Signatur zur Sicherung der Authentizität einer Nachricht (data origin authentication) eingesetzt werden. Darauf aufbauend lässt sich eine elegante Benutzerauthentifikation (entity authentication) realisieren. Hierzu wird ein Challenge-Response-Protokoll in Verbindung mit der digitalen Signatur eingesetzt. Der Ablauf des Protokolls zur Benutzerauthentifikation ist in Abbildung 2.4 dargestellt. Hier identifiziert sich Bob gegenüber Alice. Dazu wählt Alice im ersten Schritt eine

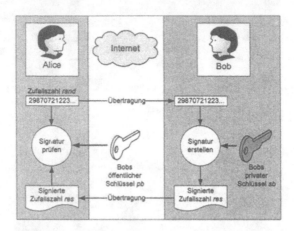

Abbildung 2.4: Bob identifiziert sich gegenüber Alice

Zufallszahl *rand* und übersendet diese Zahl an Bob. Dieser signiert die Zufallszahl mit Hilfe der Signaturfunktion S_s unter seinem privaten Schlüssel *sb*:

$$res = S_{sb}(rand)$$

Bob sendet die signierte Antwort *res* zurück an Alice. Diese wendet zur Überprüfung die Signatur-Verifikationsfunktion V_p unter Bobs öffentlichem Schlüssel *pb* an:

$$V_{pb}(res, rand) = \text{„true"}$$

Fällt die Prüfung der signierten Antwort positiv aus, hat sich Bob gegenüber Alice authentifiziert. Der Beleg seiner Identität ist erbracht, denn niemand außer Bob kennt den privaten Schlüssel *sb*, der zu dem öffentlichen Schlüssel *pb* passt.

2.2 Aufgabe einer Public-Key-Infrastruktur

In beiden Anwendungsbereichen der Public-Key-Kryptographie spielt der öffentliche Schlüssel eine zentrale Rolle. Bei der digitalen Signatur verwendet Alice Bobs öffentlichen Schlüssel zur Prüfung von Bobs elektronischer Unterschrift. Bei der Verschlüsselung wird der öffentliche Schlüssel zum Chiffrieren der geheimen Nachricht eingesetzt. Die Sicherheit der Public-Key-Kryptographie steht und fällt mit der Echtheit des verwendeten öffentlichen Schlüssels. Es muss sichergestellt werden, dass Alice zur Verschlüsselung oder zur Prüfung von digitalen Signaturen Bobs authentischen öffentlichen Schlüssel verwendet. Die zentrale Aufgabe einer Public-Key-Infrastruktur (PKI) ist die Gewährleistung der Authentizität von öffentlichen Schlüsseln. Phil Zimmermann, der Autor der bekannten kryptographischen Software PGP, schreibt zum Problem der Schlüsselauthentizität [65]:

This whole business of protecting public keys from tampering is the single most difficult problem in practical public key applications. It is the Achilles' heel of public key cryptography, and a lot of software complexity is tied up in solving this one problem.

Die folgenden Beispiele beschreiben Angriffe auf eine Public-Key-Verschlüsselung und auf eine digitale Signatur, ausgehend von der Annahme, dass die Schlüsselauthentizität nicht gewährleistet ist.

Beispiel 2.1 (Angriff auf eine Verschlüsselung). Alice hat das Ziel, dem Benutzer Bob eine geheime Nachricht über das Internet zu übermitteln. Es kommt ein Public-Key-Kryptographieverfahren zum Einsatz. Der Schlüssel pb ist Bobs authentischer öffentlicher Schlüssel. Der Angreifer Mallory verfügt über den öffentlichen Schlüssel pm und kennt den dazugehörigen privaten Schlüssel sm.

- Angenommen, es gelingt dem Angreifer Mallory, Alice vorzutäuschen, dass der Schlüssel pm (und nicht der Schlüssel pb) Bobs öffentlicher Schlüssel ist.

- Folglich verwendet Alice zur Verschlüsselung der geheimen Nachricht den öffentlichen Schlüssel pm.

- Mallory kann die verschlüsselte Nachricht problemlos entschlüsseln, denn ihm ist der passende private Schlüssel sm bekannt.

Beispiel 2.2 (Angriff auf eine digitale Signatur). Alice empfängt eine Nachricht mit einer digitalen Signatur. Darin wird behauptet, dass Bob die Nachricht digital signiert hat. Der Schlüssel pb ist Bobs authentischer öffentlicher Schlüssel. Der Angreifer Mallory verfügt über den öffentlichen Schlüssel pm und kennt den dazugehörigen privaten Schlüssel sm.

- Angenommen, es gelingt dem Angreifer Mallory, Alice vorzutäuschen, dass der Schlüssel pm (und nicht der Schlüssel pb) Bobs öffentlicher Schlüssel ist.

- Mallory kann eine beliebige Nachricht mit Hilfe des privaten Schlüssels sm digital signieren. Bob ist daran nicht beteiligt.

- Da Alice davon ausgeht, dass pm Bobs öffentlicher Schlüssel ist, fällt die Prüfung der digitalen Signatur positiv aus. Alice hält Bob für den Unterzeichner der Nachricht, obwohl Mallory die Nachricht erstellt und signiert hat.

2.3 Public-Key-Zertifikate

Um die zuverlässige Bindung eines öffentlichen Schlüssels an den wahren Eigentümer zu erreichen, stellen Zertifizierungsstellen (Certification Authority, CA) elektronische Public-Key-Zertifikate aus. Ein Public-Key-Zertifikat ist ein digital signierter String, der bescheinigt, dass einer genau bezeichneten Entität ein bestimmter öffentlicher Schlüssel gehört. Diese Entität wird auch als Subjekt des Zertifikats bezeichnet. Zur Sicherung der

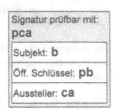

Abbildung 2.5: Public-Key-Zertifikat

Abbildung 2.6: Ein Symbol für Public-Key-Zertifikate

Integrität und Authentizität werden Zertifikate von der ausstellenden Zertifizierungsstelle digital signiert. Dieses Konzept wurde erstmals im Jahr 1978 von Kohnfelder in der Arbeit [31] vorgestellt. Die Abbildung 2.5 zeigt den Inhalt eines Public-Key-Zertifikats. In Abbildung 2.6 ist ein Symbol für Public-Key-Zertifikate dargestellt. Es bescheinigt dem Benutzer b den öffentlichen Schlüssel pb. Das Zertifikat wurde von der Zertifizierungsstelle ca ausgestellt. Die digitale Signatur des Zertifikats lässt sich mit Hilfe des öffentlichen Schlüssels pca positiv überprüfen.

Gültigkeitsdauer

Neben dem Namen des Subjekts und dem bescheinigten öffentlichen Schlüssel sind Public-Key-Zertifikate mit einer Gültigkeitsdauer versehen. Die Gültigkeitsdauer eines Zertifikats ist der Zeitraum, währenddessen Statusinformationen über das Zertifikat von der Zertifizierungsstelle oder einer dazu beauftragten dritten Stelle bereitgehalten werden. Grundsätzlich darf ein Public-Key-Zertifikat nur während der Gültigkeitsdauer als Beleg für Schlüsselauthentizität herangezogen werden. Aber auch bei der Verwendung eines Public-Key-Zertifikats während der Gültigkeitsdauer muss der aktuelle Status überprüft werden, denn das Zertifikat könnte zurückgerufen worden sein.

2.4 Rückruf von Public-Key-Zertifikaten

Die Gültigkeitsdauer eines Public-Key-Zertifikats wird zum Zeitpunkt der Zertifikatserstellung festgelegt. Nach der digitalen Signatur des Zertifikats lässt sie sich nicht mehr verändern, ohne dessen Integrität zu beeinträchtigen. Es kann aber während der Gültigkeitsdauer ein unvorhergesehenes Ereignis eintreten, das die vorzeitige Ungültigkeit des Zertifikats erfordert. Einige Beispiele dafür sind:

- Kompromittierung des privaten Schlüssels

- Verlust des privaten Schlüssels

- Namensänderung des Schlüsseleigentümers

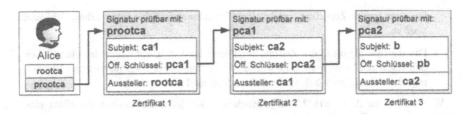

Abbildung 2.7: Eine Public-Key-Zertifikationskette

Ein möglicher Lösungsansatz könnte das Löschen des betroffenen Zertifikats sein. Dieser Ansatz ist aber ungeeignet, weil von einem Zertifikat meist zahlreiche Kopien erstellt werden, die direkt an die Zertifikat-Benutzer verteilt werden. Es ist nicht sichergestellt, dass alle erstellten Kopien gelöscht werden. Deswegen kommen Zertifikat-Rückrufe zum Einsatz. Ein Rückruf bezieht sich auf genau ein Zertifikat und zeigt an, dass das betroffene Zertifikat ab einem bestimmten Zeitpunkt ungültig ist. Er wird - genauso wie ein Zertifikat - vom Aussteller des Rückrufs zur Absicherung der Integrität und Authentizität digital signiert. Das Kapitel 4 (Rückruf von Zertifikaten) geht ausführlicher auf dieses Thema ein.

2.5 Public-Key-Zertifikationsketten

Zur Prüfung der digitalen Signatur eines Public-Key-Zertifikats benötigt der prüfende Benutzer Alice den authentischen öffentlichen Schlüssel der Zertifizierungsstelle. Liegt Alice der authentische Schlüssel nicht vor, kann sie zum Beleg der Schlüsselauthentizität ein weiteres Public-Key-Zertifikat heranziehen. Die digitale Signatur des ersten Zertifikats wird mit Hilfe des zweiten Zertifikats überpüft. Auch zur Prüfung des zweiten Zertifikats muss die Authentizität des öffentlichen Schlüssels der ausstellenden Zertifizierungsstelle sichergestellt werden. Geht man weiter nach diesem Schema vor, entsteht eine Public-Key-Zertifikationskette, bei der jedes Public-Key-Zertifikat den öffentlichen Schlüssel des Ausstellers des nächsten Public-Key-Zertifikats beglaubigt. Eine Public-Key-Zertifikationskette wird auch als Zertifikationspfad bezeichnet (vgl. [1]).

Beispiel 2.3 (Zertifikationskette). Abbildung 2.7 zeigt ein Beispiel für eine Zertifikationskette mit drei Zertifikaten. Diese Public-Key-Zertifikationskette beginnt bei der Zertifizierungsstelle *rootca* und endet bei Teilnehmer *b* (Bob). Alice ist sicher, dass *prootca* der öffentliche Schlüssel der Zertifizierungsstelle *rootca* ist.

- Das erste Zertifikat in der Zertifikationskette ist von Teilnehmer *rootca* ausgestellt. Die digitale Signatur lässt sich mit dem öffentlichen Schlüssel *prootca* überprüfen, welcher Alice bereits als authentisch bekannt ist. Dieses Zertifikat bescheinigt, dass der öffentliche Schlüssel *pca*1 dem Teilnehmer *ca*1 gehört.

- Das zweite Zertifikat der Zertifikationskette wurde von dem Teilnehmer *ca*1 ausgestellt. Die digitale Signatur lässt sich mit dem öffentlichen Schlüssel *pca*1 überprüfen. Das zweite Zertifikat spricht dem Teilnehmer *ca2* den öffentlichen Schlüssel *pca2* zu.

- Die digitale Signatur des dritten Zertifikats lässt sich mit Hilfe des öffentlichen Schlüssels *pca2* überprüfen. Es wurde von Teilnehmer *ca2* ausgestellt und bescheinigt dem Teilnehmer *b* den öffentlichen Schlüssel *pb*.

Wie bereits im Abschnitt 2.3 angesprochen, trägt jedes Public-Key-Zertifikat eine Gültigkeitsdauer. Es stellt sich die Frage, welche Auswirkungen die verschiedenen Gültigkeitsdauern der einzelnen Zertifikate einer Zertifikationskette auf den Gültigkeitszeitraum der gesamten Kette haben. Das Kapitel 5 (Gültigkeitsmodelle) geht auf diese Fragestellung ein.

Selbstsignierte Public-Key-Zertifikate

Eine Zertifikationskette beginnt mit einem Public-Key-Zertifikat, dessen digitale Signatur mit einem öffentlichen Schlüssel überprüft werden kann, welcher dem überprüfenden Benutzer Alice als authentisch bekannt ist. In Beispiel 2.3 ist dies der Schlüssel *prootca*. Um initial als authentisch akzeptierte öffentliche Schlüssel zu repräsentieren, werden häufig von Alice selbst digital signierte Zertifikate verwendet. Auf diese Weise unterschreibt Alice für ihre eigenen Zwecke, dass sie einen bestimmten öffentlichen Schlüssel einer bestimmten Entität als authentisch zuordnet. In der Regel hat sie einen Beleg für die Authentizität des öffentlichen Schlüssels auf einem anderen Weg (out-of-band) erhalten, z. B. per Einschreibebrief.

2.6 Akteure und Aufgabenverteilung in einer PKI

Die verschiedenen Aufgaben in einer PKI werden von folgenden Akteuren übernommen (vgl. Abbildung 2.8):

End-Entität (Bob): Die End-Entität (z. B. eine Person) hat das Ziel, einen eigenen öffentlichen Schlüssel zertifizieren zu lassen. Ein entsprechendes Public-Key-Zertifikat soll in der PKI veröffentlicht werden, so dass es auf Anfrage abgerufen werden kann.

Registrierungsstelle: Die End-Entität wendet sich an die Registrierungsstelle und beantragt dort ein Public-Key-Zertifikat. Dabei belegt sie ihre Identität, z. B. durch Vorlage eines Ausweises, und legt den zu zertifizierenden öffentlichen Schlüssel vor. Die Registrierungsstelle leitet die Anforderung über einen gesicherten Kanal (Schutz der Authentizität und Integrität der Anforderung) an die Zertifizierungsstelle.

Zertifizierungsstelle: Die Zertifizierungsstelle erstellt und signiert ein Public-Key-Zertifikat, welches den Namen der End-Entität an ihren öffentlichen Schlüssel bindet. Sie legt eine Gültigkeitsdauer für das Zertifikat fest.

Rückrufstelle: Die Rückrufstelle wird von der Zertifizierungsstelle berechtigt, Rückrufe für deren Public-Key-Zertifikate herauszugeben.

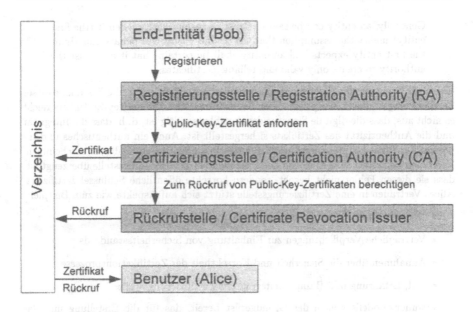

Abbildung 2.8: Akteure einer Public-Key-Infrastruktur

Verzeichnis: Das Zertifikat und potenzielle Rückrufe werden in einem Verzeichnis abgelegt.

Benutzer (Alice): Der Benutzer interessiert sich für die Authentizität eines öffentlichen Schlüssels. Zum Beleg ruft er Public-Key-Zertifikate und Rückrufe aus dem Verzeichnis ab und überprüft deren digitale Signatur und deren Gültigkeit.

Das Erzeugen des öffentlichen und des privaten Schlüssels (Schlüsselpaar) liegt nach der hier vorgestellten Aufgabenverteilung in der Verantwortung der End-Entität. Der Grund für diese Aufteilung besteht darin, dass somit nur die End-Entität Zugriff auf den privaten Schlüssel hat. In der Praxis wird meist die Registrierungs- bzw. die Zertifizierungsstelle mit der Erzeugung eines geeigneten Schlüsselpaars beauftragt, denn diese Stellen verfügen über eine bessere technische Ausrüstung und über das nötige Know-How. In diesem Fall wird der private Schlüssel auf einem sicheren Weg der End-Entität übergeben. Es bleibt zu bemerken, dass in der Praxis die Aufgaben der Registrierungs-, Zertifizierungs- und Rückrufstelle häufig von der selben Organisation übernommen werden.

2.7 PKI Vertrauensmodelle

Der Begriff „Vertrauen" hat im Kontext von Public-Key-Infrastrukturen eine genau festgelegte Bedeutung. Eine weit verbreitete Definition stammt aus der ITU-T Recommendation X.509 [20] (Section 3.3.54):

Generally, an entity can be said to "trust" a second entity when it (the first entity) makes the assumption that the second entity will behave exactly as the first entity expects. [...] an entity shall be certain that it can trust the authority to create only valid and reliable certificates.

Wenn ein Benutzer einer Zertifizierungsstelle vertraut, ist er bereit, die Zertifikate dieser Zertifizierungsstelle zu akzeptieren. Bei der Prüfung eines Public-Key-Zertifikats reicht es nicht aus, dass die digitale Signatur des Zertifikats gültig ist, d. h. dass die Integrität und die Authentizität des Zertifikats sichergestellt ist. Auch ein authentisches und integeres Zertifikat könnte einer Entität den falschen öffentlichen Schlüssel bescheinigen. Vertrauen bedeutet, dass Alice von der ausstellenden Zertifizierungsstelle überzeugt ist, dass sie diesen Fehler nicht begeht, sondern korrekte öffentliche Schlüssel zertifiziert. Alices Vertrauen in eine Zertifizierungsstelle stützt sich auf Aspekte wie zum Beispiel:

- Höhe der Haftung für Fehler der Zertifizierungsstelle

- Vertragliche Verpflichtungen zur Einhaltung von Sicherheitsstandards

- Annahmen über die Sicherheit und Korrektheit der Zertifikationsprozesse

- Ruf, Erfahrung und Bekanntheitsgrad der Zertifizierungsstelle

Vertrauensmodelle stellen das Grundgerüst bereit, das für die Erstellung und das Management von Vertrauen notwendig ist (vgl. [45]). In einem Vertrauensmodell wird festgelegt, welchen Zertifizierungsstellen der PKI ein Benutzer vertraut, und auf welche Weise Vertrauen in Zertifizierungsstellen hergestellt wird.

2.7.1 Hierarchisches Vertrauensmodell

Das hierarchische Vertrauensmodell lässt sich graphisch als Baum darstellen (siehe Abbildung 2.9). Die Stammzertifizierungsstelle (1) ist die Wurzel des Baumes. Die inneren Knoten bezeichnen weitere Zertifizierungsstellen (2-5), die Blätter des Baumes (A-J) stellen die End-Entitäten dar. Public-Key-Zertifikate werden als Kanten vom Aussteller zum Subjekt des Zertifikats gezeichnet.

Die Stammzertifizierungsstelle übernimmt in diesem Vertrauensmodell eine sehr verantwortungsvolle Aufgabe. Alice vertraut ihr direkt und explizit. Im hierarchischen Vertrauensmodell setzt sich dieses Vertrauen auf alle untergeordneten Zertifizierungsstellen fort, ohne dass Alice diesen Zertifizierungsstellen explizit vertraut. Sie vertraut implizit allen Zertifizierungsstellen, zu denen sich ein Zertifikationspfad aufbauen lässt, der bei der Stammzertifizierungsstelle beginnt. Die Stammzertifizierungsstelle wird häufig als *root certification authority* (root CA) oder als *trust anchor* bezeichnet.

Hinter diesem Ansatz verbirgt sich die Annahme, dass die Stammzertifizierungsstelle nur für vertrauenswürdige Zertifizierungsstellen ein Public-Key-Zertifikat ausstellt. Das Weiterreichen des Vertrauens ist implizit mit jedem Zertifikat der Stammzertifizierungsstelle für andere Zertifizierungsstellen verbunden. Auch diese können das implizite Vertrauen weiterreichen, indem sie Zertifikate für weitere Zertifizierungsstellen ausstellen. Die maximale Länge eines Zertifikationspfades ist meist beschränkt, so dass nicht beliebig viele Zertifizierungsstellen enthalten sein können (vgl. [20]).

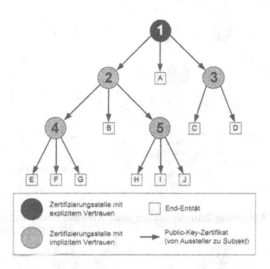

Abbildung 2.9: Hierarchisches Vertrauensmodell aus der Perspektive eines Benutzers mit der Stammzertifizierungsstelle (1)

Um einen Zertifikationspfad in einer hierarchischen PKI aufzubauen, benötigt Alice den authentischen öffentlichen Schlüssel der Stammzertifizierungsstelle. In der Regel wird dieser mit Hilfe eines selbstsignierten Zertifikats gespeichert. In diesem Fall hat Alices Signatur auf dem öffentlichen Schlüssel zwei Bedeutungen:

1. Alice hält die Bindung zwischen dem öffentlichen Schlüssel und der Stammzertifizierungsstelle für authentisch.

2. Alice vertraut der Stammzertifizierungsstelle.

Durch das selbstsignierte Zertifikat wird nicht nur die Authentizität des öffentlichen Schlüssels, sondern auch das Vertrauen ausgedrückt. Alice delegiert bei diesem Ansatz die Auswahl der vertrauenswürdigen Zertifizierungsstellen ohne Einschränkung an die Stammzertifizierungsstelle.

Perlman beschreibt das *Single-Certificate-Authority* Vertrauensmodell [50]. In diesem Modell existiert nur eine einzige Zertifizierungsstelle. Es kann als Spezialfall des hierarchischen Modells betrachtet werden, bei dem es ausschließlich die Stammzertifizierungsstelle gibt.

Kreuzzertifizierung

Die Kreuzzertifizierung ist eine Möglichkeit, unabhängige Zertifizierungsstellen miteinander zu verbinden. In Abbildung 2.10 sind zwei unabhängige, hierarchische Public-Key-Infrastrukturen dargestellt. Alice vertraut hier explizit der Stammzertifizierungsstelle

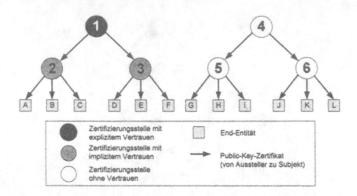

Abbildung 2.10: Vertrauen ohne Kreuzzertifizierung

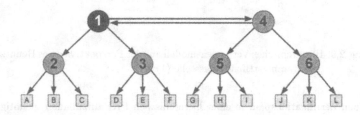

Abbildung 2.11: Vertrauen mit Kreuzzertifizierung

(1). Nach dem hierarchischen Vertrauensmodell vertraut Alice implizit den untergeordneten Zertifizierungsstellen (2) und (3). Sie kann die öffentlichen Schlüssel der Enitäten (A-F) authentifizieren.

Durch eine Kreuzzertifizierung zwischen den Zertifizierungsstellen (1) und (4) werden Alices Möglichkeiten zur Schlüsselauthentifizierung erweitert. Die Situation mit Kreuzzertifizierung zeigt Abbildung 2.11. Aus Alices Perspektive hat ihre Stammzertifizierungsstelle (1) die Zertifizierungsstelle (4) mit Hilfe eines Public-Key-Zertifikats untergeordnet. Auf diese Weise vertraut Alice nun implizit der Zertifizierungsstelle (4) und somit auch den untergeordneten Zertifizierungsstellen (5) und (6). Sie kann jetzt auch die öffentlichen Schlüssel der Entitäten (G-L) authentifizieren. Auch die Zertifizierungsstelle (4) hat im Gegenzug ein Zertifikat für (1) ausgestellt. Diese Tatsache ist aber für Alice nicht von Bedeutung. Diese Zertifikationsrichtung wäre für einen anderen Benutzer interessant, der (4) als Stammzertifizierungsstelle hat. Wie hier dargelegt, kann eine Kreuzzertifizierung in einer oder in zwei Richtungen stattfinden:

Unilaterale Kreuzzertifizierung: Die Zertifizierungsstelle (1) stellt ein Public-Key-Zertifikat für die Zertifizierungsstelle (4) aus, ohne dass (4) ein Zertifikat für (1) ausstellt.

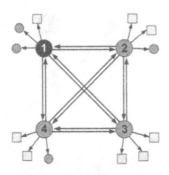
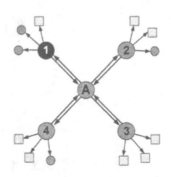

Abbildung 2.12: Maschenarchitektur   Abbildung 2.13: Sternarchitektur

Bilaterale Kreuzzertifizierung: Die Zertifizierungsstelle (1) stellt ein Public-Key-Zertifikat für die Zertifizierungsstelle (4) aus, genauso stellt (4) ein Zertifikat für (1) aus (dieser Fall wurde oben beschrieben).

Es können zwei verschiedene Architekturansätze beim Zusammenschluss der Infrastrukturen verfolgt werden: Die Maschenarchitektur oder die Sternarchitektur mit Bridge CA.

Maschenarchitektur: Jede Stammzertifizierungsstelle stellt für jede andere Stammzertifizierungsstelle ein Public-Key-Zertifikat aus. Sollen n Stammzertifizierungsstellen miteinander verbunden werden, kommen $n^2 - n$ Public-Key-Zertifikate zur Kreuzzertifizierung zum Einsatz. Abbildung 2.12 zeigt eine Kreuzzertifizierung nach Maschenarchitektur aus der Perspektive des Benutzers mit der Stammzertifizierungsstelle (1).

Sternarchitektur mit Bridge CA: Jede Stammzertifizierungsstelle stellt für eine zentrale Bridge-Zertifizierungsstelle (Bridge CA) ein Public-Key-Zertifikat aus. Im Gegenzug stellt die Bridge CA ebenfalls ein Public-Key-Zertifikat für jede Stammzertifizierungsstelle aus. Sollen n Stammzertifizierungsstellen miteinander verbunden werden, kommen $2n$ Public-Key-Zertifikate zur Kreuzzertifizierung zum Einsatz. Die Abbildung 2.13 zeigt eine Kreuzzertifizierung nach Sternarchitektur aus der Perspektive des Benutzers mit der Stammzertifizierungsstelle (1). Die vier Stammzertifizierungsstellen (1-4) wurden mit Hilfe der Bridge CA (A) verbunden.

Die Sternarchitektur hat im Vergleich zur Maschenarchitektur den Vorteil, dass die Anzahl der eingesetzten Public-Key-Zertifikate nur proportional mit der Anzahl der verbundenen Stammzertifizierungsstellen ansteigt. Ein Nachteil der Sternarchitektur liegt darin, dass die Sicherheit des Verbunds stark von der Sicherheit der zentralen Bridge CA abhängt. Wird z. B. der private Schlüssel der Bridge CA kompromittiert, müssen alle $2n$ Zertifikate zurückgerufen und neu ausgestellt werden.

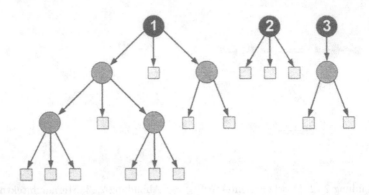

Abbildung 2.14: Browserorientiertes Vertrauensmodell

2.7.2 Browserorientiertes Vertrauensmodell

In World Wide Web (WWW) Browsern wie zum Beispiel Netscape Navigator, Microsoft Internet Explorer oder Mozilla Firefox sind im Auslieferungszustand bereits öffentliche Schlüssel einiger Zertifizierungsstellen vorinstalliert. Diesen Zertifizierungsstellen vertraut der WWW-Browser, und somit auch der Benutzer des Browsers, als Stammzertifizierungsstellen. Die Browser-Software akzeptiert von jeder vorgegebenen Stammzertifizierungsstelle Pubic-Key-Zertifikate nach dem Prinzip des hierarchischen Vertrauensmodells. Das bedeutet, dass der Browser auch den Zertifizierungsstellen implizit vertraut, die diesen Stammzertifizierungsstellen untergeordnet sind. Abbildung 2.14 zeigt ein Beispiel für das Vertrauen eines WWW-Browsers. Hier wird den Stammzertifizierungsstellen (1), (2) und (3) explizit vertraut. Den untergeordneten Zertifizierungsstellen vertraut der Browser implizit.

Das browserorientierte Vertrauensmodell ist dem hierarchischen Modell sehr ähnlich. Auf den ersten Blick unterscheiden sich beide nur dadurch, dass der Browser mehreren Stammzertifizierungsstellen vertraut. Ein wichtiger Unterschied ist aber, dass der Benutzer des WWW-Browsers in der Praxis keinen Einfluss auf die Auswahl der Stammzertifizierungsstellen nimmt. Beim hierarchischen Modell entscheidet er sich ausdrücklich, einer bestimmten Stammzertifizierungsstelle zu vertrauen. Beim browserorientierten Modell sind die Stammzertifizierungsstellen initial vorgegeben. Diese Vorbelegung des Browsers wird in der Literatur (vgl. [1]) als Schwäche des Vertrauensmodells angesehen, weil sie nicht dem tatsächlichen Vertrauen des Benutzers entspricht, sondern vielmehr auf einer Auswahl des Softwareherstellers basiert. Meist gibt es zwar eine Möglichkeit, die Vorbelegung anzupassen und andere Stammzertifizierungsstellen einzusetzen. Von dieser Auswahlmöglichkeit wird aber kaum Gebrauch gemacht.

2.7.3 Benutzerzentrisches Vertrauensmodell

Das benutzerzentrische Vertrauensmodell überlässt dem Benutzer die volle Verantwortung und Entscheidungsfreiheit bei der Auswahl der vertrauten Zertifizierungsstellen.

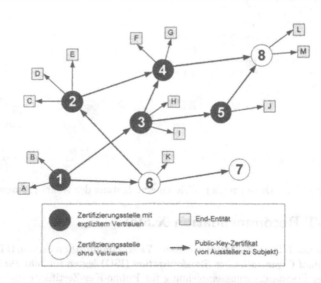

Abbildung 2.15: Benutzerzentrisches Vertrauensmodell

Der Benutzer entscheidet für jedes Zertifikat einer Zertifikationskette, ob er der ausstellenden Zertifizierungsstelle vertraut. Vertrauen wird nicht durch ein Public-Key-Zertifikat weitergereicht. Abbildung 2.15 zeigt ein Beispiel für das Vertrauen eines Benutzers nach dem benutzerzentrischen Modell. In diesem Beispiel vertraut Alice explizit den Zertifizierungsstellen (1-5), sie vertraut nicht den Zertifizierungsstellen (6-8).

Im hierarchischen Modell bringt Alice das Vertrauen in die Stammzertifizierungsstelle durch ihre eigene Signatur auf dem öffentlichen Schlüssel dieser Zertifizierungsstelle zum Ausdruck. Beim browserorientierten Modell sind die öffentlichen Schlüssel der Stammzertifizierungsstellen im WWW-Browser vorinstalliert, was implizit auch Vertrauen in diese Zertifizierungsstellen zur Folge hat. Das benutzerzentrische Modell erfordert eine klare Trennung zwischen Vertrauen und Schlüsselauthentizität. Es kann vorkommen, dass Alice einer Zertifizierungsstelle vertraut, obwohl sie nicht deren authentischen öffentlichen Schlüssel kennt.

Angenommen, Alice liegen die authentischen öffentlichen Schlüssel der Zertifizierungsstellen (1) und (2) aus Abbildung 2.15 vor. Sie vertraut beiden Zertifizierungsstellen. Das bedeutet, dass Zertifikationsketten nur bei diesen beiden Zertifizierungsstellen beginnen können, obwohl Alice auch den Zertifizierungsstellen (3-5) vertraut. Sie kennt aber nicht deren authentischen öffentlichen Schlüssel. Die Zertifizierungsstellen (3-5) können als Zwischenzertifizierungsstellen in Zertifikationsketten vorkommen. Interessiert sich Alice zum Beispiel für die Authentizität des öffentlichen Schlüssels der Entität (J), kann sie die Zertifikationskette (1)-(3)-(5)-(J) verwenden. Alice vertraut allen Zertifizierungsstellen in dieser Kette. Außerdem kennt sie den öffentlichen Schlüssel der Zertifizierungsstelle (1), welche am Beginn der Zertifikationskette steht.

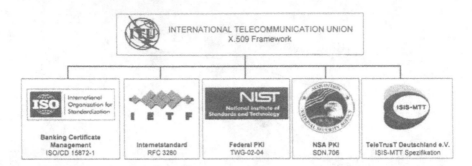

Abbildung 2.16: Diese Profile realisieren eine Instanz des X.509 Frameworks

2.8 ITU-T Recommendation X.509

Die *International Telecommunications Union - Telecommunication Section* (ITU-T) und die *International Organization for Standardization* (ISO) legten im Jahr 1988 die erste Ausgabe einer Standardisierungsempfehlung für Public-Key-Zertifikate und Zertifikat-Rückruflisten unter der Bezeichnung X.509 auf. Der Großteil der existierenden Public-Key-Infrastrukturen richtet sich nach den Vorgaben von X.509. Die aktuelle Ausgabe [20] stammt aus dem Jahr 2000. Einen Überblick über die bisher erschienen Editionen gibt Tabelle 2.1.

X.509 Edition	Zertifikat-Format	Rückruflisten-Format
1. Auflage (1988)	Version 1	Version 1
2. Auflage (1994)	Version 2	Version 1
3. Auflage (1997)	Version 3	Version 2
4. Auflage (2000)	Version 3	Version 2

Tabelle 2.1: Editionen der ITU-T Recommendation X.509

2.8.1 X.509 Profile

Die X.509 Standardisierungsempfehlung legt die Rahmenbedingungen für konkrete Standards fest. Aus diesem Grund wird die Empfehlung häufig als X.509 Framework bezeichnet. Im Rahmen der Vorgaben von X.509 können Organisationen wie z. B. die *Internet Engineering Task Force* (IETF) anwendungsspezifische Standards festlegen. Diese Standards sind Profile des X.509 Frameworks (vgl. Abbildung 2.16). Einige Beispiele hierfür sind:

ISO/CD 15872-1: *Certificate management for financial services - Part 1: Public key certificates* [18]. Ein X.509 Profil mit dem Fokus auf die Anwendung in der Finanzbranche.

IETF RFC3280: *Internet X.509 Public Key Infrastructure Certificate and Certificate Revocation List (CRL) Profile* [26]. Der dominante Standard für das Internet. Die

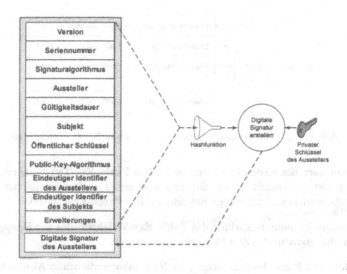

Abbildung 2.17: Aufbau eines X.509 Public-Key-Zertifikats

aktuelle Version stammt aus dem Jahr 2002. Die PKIX[2] Arbeitsgruppe der IETF entwickelte diesen Internetstandard und arbeitet an Erweiterungen.

FPKI TWG-02-04: *U.S. Federal Public Key Infrastructure (PKI) X.509 Certificate and CRL Extensions Profile* [46]. Ein Profil der U.S. Regierung für den Einsatz in der Verwaltung. Der Standard orientiert sich weitgehend an den Vorgaben des Internetstandards der PKIX Arbeitsgruppe.

NSA SDN.706: *X.509 Certificate and Certificate Revocation List Profiles and Certification Path Processing Rules* [47]. Ein X.509 Profil des U.S. Verteidigungsministeriums.

TeleTrusT ISIS-MTT: *Common ISIS-MTT Specifications for Interoperable PKI Applications* [63]. Ein X.509 Profil, herausgegeben durch den eingetragenen Verein TeleTrusT Deutschland. Das Einsatzgebiet dieses Standards ist der Austausch von Dokumenten mit einer nach dem deutschen Signaturgesetz (SigG) qualifizierten digitalen Signatur.

2.8.2 X.509 Public-Key-Zertifikate

In Abbildung 2.17 ist der Aufbau eines Public-Key-Zertifikats (Version 3) nach X.509 dargestellt. Es enthält die folgenden Datenfelder:

Version: Die Versionsnummer (1, 2 oder 3) des vorliegenden Public-Key-Zertifikats. Das hier beschriebene Zertifikat-Format entspricht der Version 3.

---

[2]Internetlink: http://www.ietf.org/html.charters/pkix-charter.html

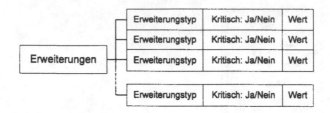

Abbildung 2.18: Erweiterungsmechanismus von X.509 Zertifikaten

Seriennummer: Ein eindeutiger Identifier für das Public-Key-Zertifikat, relativ zum Aussteller des Zertifikats. Die Seriennummer ergibt zusammen mit dem Namen des Ausstellers eine eindeutige Referenz auf das Public-Key-Zertifikat.

Signaturalgorithmus: Bezeichnet das Public-Key-Verfahren, das zur Erzeugung der digitalen Signatur des Zertifikats verwendet wurde.

Aussteller: Der Name des Ausstellers (vgl. Namenskonventionen in Abschnitt 2.8.4).

Gültigkeitsdauer: Das zeitliche Intervall, währenddessen das Public-Key-Zertifikat gültig ist, sofern es nicht zurückgerufen wurde. Beginn und Ende des Intervalls werden beschrieben durch die Zeitpunkte „Not Valid Before" und „Not Valid After". Die Zeit wird entweder in Koordinierter Weltzeit (Coordinated Universal Time, UTC) oder in Generalized Time [19] dargestellt.

Subjekt: Der Name des Subjekts (vgl. Namenskonventionen in Abschnitt 2.8.4).

Öffentlicher Schlüssel: Der öffentliche Schlüssel, der dem Subjekt durch das Public-Key-Zertifikat bescheinigt wird.

Public-Key-Algorithmus: Der Public-Key-Algorithmus, mit dem der bescheinigte öffentliche Schlüssel eingesetzt werden kann.

Eindeutiger Identifier des Ausstellers (optional): Falls der Name des Ausstellers für einen anderen Aussteller wiederverwendet wird, ermöglicht dieses Feld eine eindeutige Unterscheidung. Die PKIX Arbeitsgruppe empfiehlt im Internetstandard [26], das Feld nicht einzusetzen und stattdessen eindeutige Namen zu verwenden.

Eindeutiger Identifier des Subjekts (optional): Falls der Name des Subjekts für ein anderes Subjekt wiederverwendet wird, ermöglicht dieses Feld eine eindeutige Unterscheidung.

Erweiterungen: Dieses Datenfeld spielt eine wichtige Rolle bei der Anpassung des Zertifikat-Formats an anwendungsspezifische Anforderungen. Eine einzelne Erweiterung besteht aus dem Erweiterungstyp und dem Erweiterungswert (vgl. Abbildung 2.18). Außerdem wird jede Erweiterung mit einem Kritikalitätskennzeichen markiert. Dieses Kennzeichen hat folgenden Hintergrund: Nicht jede proprietäre

Erweiterung kann von jeder Software zur Zertifikatvalidierung interpretiert werden. Ist eine Erweiterung als kritisch gekennzeichnet, muss die Softwareanwendung die Erweiterung interpretieren und verarbeiten können, ansonsten darf das Zertifikat nicht verwendet werden. Nicht-kritische Erweiterungen unterliegen nicht dem Zwang zur Verarbeitung. Diese sollen verarbeitet werden, können aber ignoriert werden, falls sie von der Validierungs-Software nicht erkannt werden.

Bei Erweiterungen ist zwischen privaten Erweiterungen und optionalen Standarderweiterungen zu unterscheiden. Eine private Erweiterung kann von der Arbeitsgruppe festgelegt werden, die ein Standard-Profil aus X.509 ableitet. Die PKIX Arbeitsgruppe definiert im Internetstandard [26] beispielsweise die privaten Erweiterungen *Authority Information Access* und *Subject Information Access* (weitere Details hierzu bietet [1]). Optionale Standarderweiterungen werden in X.509 vorgegeben. Dazu gehören Erweiterungen wie zum Beispiel:

- CRL Distribution Point
- Key Usage
- Issuer Alternative Name
- Subject Alternative Name
- Certificate Policies

Digitale Signatur des Ausstellers: Dieses Datenfeld beinhaltet die digitale Signatur des Zertifikat-Ausstellers.

2.8.3 Zertifikat-Policy

Eine optionale Standarderweiterung von X.509 Public-Key-Zertifikaten ist das Feld *Certificate Policies*. Die X.509 Empfehlung [20] definiert diesen Begriff wie folgt (Section 3.3.10):

A named set of rules that indicates the applicability of a certificate to a particular community and/or class of application with common security requirements. For example, a particular certificate policy might indicate applicability of a type of certificate to the authentication of electronic data interchange transactions for the trading of goods within a given price range.

Eine Zertifikat-Policy ist ein benanntes Textdokument mit Regeln und Beschränkungen für den Einsatz eines Public-Key-Zertifikats. Der Aussteller des Zertifikats, das Subjekt (End-Entität) und der Benutzer des Zertifikats arbeiten unter bestimmten wechselseitigen Verpflichtungen und gewähren sich im Gegenzug bestimmte Garantien. Diese Verpflichtungen und Garantien werden in einer Zertifikat-Policy festgehalten. Das Textdokument, das die Zertifikat-Policy beschreibt, wird mit einem weltweit eindeutigen Object Identifier[3] (OID) versehen. Die Standarderweiterung *Certificate Policies* enthält alle Object Identifiers der Zertifikat-Policies, die für das Public-Key-Zertifikat gelten. Weitere Details zu Zertifikat-Policies finden sich in [1, 3].

---

[3]Die Vergabe von OIDs ist in ISO/IEC 9834-1 [17] geregelt.

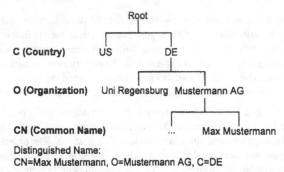

Abbildung 2.19: Hierarchischer Aufbau von Distinguished Names

Attribut	Beispiel
CN (Common Name)	CN=Max Mustermann
OU (Organizational Unit)	OU=Verkauf
O (Organization)	O=Mustermann AG
L (Locality)	L=Region Sued
ST (State/Province)	ST=Bayern
C (Country)	C=DE

Tabelle 2.2: Attribute zur Bildung eines Distinguished Name

2.8.4 Namenskonventionen

Die Konventionen zur Vergabe von Namen für Aussteller und Subjekt eines X.509 Public-Key-Zertifikats richten sich nach dem Schema der Distinguished Names (DN), das in der X.500 Standardisierungs-Reihe [22] von ITU-T und ISO festgelegt ist. Distinguished Names wurden mit dem Ziel entwickelt, Entitäten mit weltweit eindeutigen Namen zu versehen. Der Aufbau eines DN entspricht der Beschreibung eines Pfades in einer Baumhierarchie (von den Blättern zur Wurzel). Die Knoten des Baums werden durch Attribute gebildet, welche die zu benennende Entität beschreiben. Abbildung 2.19 zeigt ein Beispiel für den Aufbau eines DN. Die Tabelle 2.2 listet einige Attribute, die zur Bezeichnung einer Entität auf den verschiedenen Hierarchieebenen eines DN verwendet werden können. Weitere Informationen zu DN bieten [21, 22, 23].

2.9 Formales PKI-Modell nach Maurer

Das Maurersche PKI-Modell [37] erlaubt die formale Modellierung von Public-Key-Zertifikaten, Zertifikationsketten, Vertrauen und Schlüsselauthentizität. Es umfasst nicht den Rückruf und die Gültigkeitsdauer von Zertifikaten. Das PKI-Modell ist ein Kalkül, der es ermöglicht, eine Ja/Nein-Aussage über die Authentizität von öffentlichen Schlüsseln abzuleiten. Das Modell geht von der Sichtweise des Benutzers Alice aus. Alices Sicht der PKI wird mit Hilfe von vier Aussagetypen repräsentiert.

Definition 2.1 (PKI-Aussagen). Es gibt folgende *Aussagen:*

- $Aut(x, px)$ sagt aus, dass Alice einen Schlüssel px besitzt, von dem sie sicher ist, dass er öffentlicher Schlüssel von Teilnehmer x ist.

- $Trust(x, 1)$ sagt aus, dass Alice Teilnehmer x für vertrauenswürdig hält, Zertifikate herauszugeben.

- $Trust(x, i)$ mit $i > 1$ sagt aus, dass Alice Teilnehmer x für vertrauenswürdig hält, Empfehlungen der Stufe $i - 1$ herauszugeben.

- $Cert(x, px, y, py)$ sagt aus, dass Alice ein Zertifikat besitzt, welches besagt, dass py öffentlicher Schlüssel von y ist. Das Zertifikat ist vorgeblich von Teilnehmer x ausgegeben und signiert mit einem Schlüssel, zu dem der öffentliche Schlüssel px passt. Das Zertifikat ist „vorgeblich" von Teilnehmer x ausgegeben, weil vor einer Überprüfung von x's Signatur nicht bewiesen ist, dass das Zertifikat tatsächlich von x ausgegeben und unterschrieben wurde.

- $Rec(x, px, y, i)$ sagt aus, dass Alice eine Empfehlung der Stufe i für Teilnehmer y besitzt. Die Empfehlung ist vorgeblich von Teilnehmer x ausgegeben und signiert mit einem Schlüssel, zu dem der öffentliche Schlüssel px passt.

Alices Anfangssicht der PKI-Welt ist eine Menge von Aussagen. Diese wird mit *View* bezeichnet.

Die Vertrauensstufe i hat die folgende Bedeutung:

- Vertrauen der Stufe 1 in einen Teilnehmer bedeutet, dass Alice bereit ist, von diesem Teilnehmer Public-Key-Zertifikate (aber keine Empfehlungen) zu akzeptieren.

- Vertrauen der Stufe 2 in einen Teilnehmer bedeutet, dass Alice bereit ist, von diesem Teilnehmer Public-Key-Zertifikate und Empfehlungen der Stufe 1 zu akzeptieren.

- Vertrauen der Stufe 3 in einen Teilnehmer bedeutet, dass Alice bereit ist, von diesem Teilnehmer Public-Key-Zertifikate und Empfehlungen der Stufe 2 zu akzeptieren.

  usw.

Alices Wissen über die PKI wird mit Hilfe der obigen Aussagen in der Menge *View* dargestellt. Liegt Alice zum Beispiel ein bestimmtes Public-Key-Zertifikat vor, wird dieses durch eine Zertifikat-Aussage in *View* repräsentiert. Alices Ziel ist die Überprüfung einer Aussage über Schlüsselauthentizität wie zum Beispiel „Alice ist sicher, dass der öffentliche Schlüssel pb dem Teilnehmer b (Bob) gehört". Verwendet man die gerade vorgestellten PKI-Aussagen, geht es um die Entscheidung, ob die Aussage $Aut(b, pb)$ gültig ist oder nicht. Für den Fall, dass diese Aussage in Alices *View* vorkommt, wird sich Alice für die Gültigkeit der Aussage entscheiden und somit von der Zuordnung „der Schlüssel pb ist Bobs authentischer öffentlicher Schlüssel" ausgehen. Ist eine Aussage nicht in *View* enthalten, bleibt die Möglichkeit, die Aussage mit Hilfe von Ableitungsregeln herzuleiten.

Definition 2.2 (PKI-Regeln). Eine Aussage ist *gültig* genau dann, wenn sie entweder in *View* enthalten ist oder aus *View* abgeleitet werden kann durch Anwendung der folgenden vier Ableitungsregeln.

Schlüsselauthentizität ableiten:

$$\forall x, y, px, py :$$

$$\frac{Aut(x, px)}{Trust(x, 1)}\quad\quad\quad\quad\text{(PKI1)}$$
$$\frac{Cert(x, px, y, py)}{Aut(y, py)}$$

Vertrauen ableiten:

$$\forall x, y, px, i \geq 1 :$$

$$\frac{Aut(x, px)}{Trust(x, i+1)}\quad\quad\quad\quad\text{(PKI2)}$$
$$\frac{Rec(x, px, y, i)}{Trust(y, i)}$$

Vertrauen herabstufen:

$$\forall x, 1 \leq k < i :$$

$$\frac{Trust(x, i)}{Trust(x, k)}\quad\quad\quad\quad\text{(PKI3)}$$

Empfehlung herabstufen:

$$\forall x, px, y, 1 \leq k < i :$$

$$\frac{Rec(x, px, y, i)}{Rec(x, px, y, k)}\quad\quad\quad\quad\text{(PKI4)}$$

Alices *abgeleiteter View* ist die Menge $\overline{View}$ der Aussagen, die sich aus der Menge *View* herleiten lassen.

Die Regel (PKI1) modelliert den Prozess der Überprüfung von Public-Key-Zertifikaten. Damit auf Grundlage eines Zertifikats Schlüsselauthentizität hergeleitet werden kann, muss Alice dem Aussteller des Zertifikats mit der Stufe 1 vertrauen. Außerdem muss der öffentliche Schlüssel des Ausstellers zur Prüfung der digitalen Signatur des Zertifikats authentisch sein. Die Regel (PKI2) dient zur Ableitung von neuem Vertrauen. Alice kann bestimmten PKI-Teilnehmern (z. B. Stammzertifizierungsstellen) höherwertiges Vertrauen mit einer Stufe größer als 1 einräumen. Dadurch wird es diesen Teilnehmern möglich, Empfehlungen für andere Teilnehmer auszusprechen, welche die Grundlage für neues Vertrauen sein können. Auf diese Weise wird zum Beispiel implizites Vertrauen (vgl. hierarchisches oder browserorientiertes Vertrauensmodell, Abschnitte 2.7.1 bzw. 2.7.3) modelliert. Damit Alice eine Empfehlung akzeptiert, muss sie dem Aussteller der Empfehlung mit einer Stufe vertrauen, die höher als die Stufe der Empfehlung ist. Außerdem muss der öffentliche Schlüssel des Ausstellers der Empfehlung authentisch sein, damit die digitale Signatur der Empfehlung geprüft werden kann. Die Regel (PKI3) besagt, dass Vertrauen der Stufe i das Vertrauen einer kleineren Stufe k

impliziert. Analog dazu besagt die Regel (PKI4), dass eine Empfehlung der Stufe i die gleiche Empfehlung der kleineren Stufe k impliziert.

Beispiel 2.4 (PKI-Modellierung von Beispiel 2.3). Die Zertifikationskette aus Beispiel 2.3 lässt sich mit Hilfe folgender Aussagen modellieren:

$$Kette = \{Aut(rootca, prootca), Cert(rootca, prootca, ca1, pca1),$$
$$Cert(ca1, pca1, ca2, pca2), Cert(ca2, pca2, b, pb)\}$$

Angenommen, Alice vertraut der Zertifizierungsstelle $rootca$ nach dem hierarchischen Vertrauensmodell als Stammzertifizierungsstelle. Die folgenden Aussagen stellen dies formal dar. Dabei wird das implizite Vertrauen in untergeordnete Zertifizierungsstellen durch Empfehlungen modelliert:

$$Vertrauen = \{Trust(rootca, 3), Rec(rootca, prootca, ca1, 2),$$
$$Rec(ca1, pca1, ca2, 1)\}$$
$$View = Kette \cup Vertrauen$$

Alices Wissen über die PKI ist in der Menge $View$ dargestellt. Sie interessiert sich für die Authentizität des öffentlichen Schlüssels pb des Teilnehmers b (Bob). Die Gültigkeit der Aussage $Aut(b, pb)$ kann unter Anwendung der Regeln (PKI1) - (PKI4) abgeleitet werden:

$$Trust(rootca, 3) \vdash Trust(rootca, 1)$$
$$Aut(rootca, prootca), Trust(rootca, 1),$$
$$Cert(rootca, prootca, ca1, pca1) \vdash Aut(ca1, pca1)$$
$$Aut(rootca, prootca), Trust(rootca, 3),$$
$$Rec(rootca, prootca, ca1, 2) \vdash Trust(ca1, 2)$$
$$Trust(ca1, 2) \vdash Trust(ca1, 1)$$
$$Aut(ca1, pca1), Trust(ca1, 1),$$
$$Cert(ca1, pca1, ca2, pca2) \vdash Aut(ca2, pca2)$$
$$Aut(ca1, pca1), Trust(ca1, 2),$$
$$Rec(ca1, pca1, ca2, 1) \vdash Trust(ca2, 1)$$
$$Aut(ca2, pca2), Trust(ca2, 1),$$
$$Cert(ca2, pca2, b, pb) \vdash Aut(b, pb)$$

3 Privilege-Management-Infrastrukturen

Dieses Kapitel erklärt die Aufgabe von PKI-basierten Privilege-Management-Infrastrukturen und gibt einen Überblick über Praxistechniken. Es werden Attribute, Attribut-Zertifikate und Delegationsketten vorgestellt. Am Ende des Kapitels wird dargestellt, wie sich klassische Autorisierungsmodelle mit Hilfe einer PMI realisieren lassen.

3.1 PKI-Konzepte zur Autorisierung

Die zentrale Aufgabe einer PKI ist die Gewährleistung der Echtheit von öffentlichen Schlüsseln. Auf dieser Grundlage lässt sich die Authentizität eines Benutzers oder einer Nachricht belegen (vgl. Abschnitt 2.3). Es stellt sich die Frage, ob Public-Key-Infrastrukturen und Public-Key-Zertifikate neben der Authentifizierung auch zur Autorisierung eingesetzt werden können. Dieser Abschnitt diskutiert diese Fragestellung.

Autorisierung mit Hilfe von Public-Key-Zertifikaten

Ein Public-Key-Zertifikat bescheinigt einer Entität einen bestimmten öffentlichen Schlüssel. Um eine Autorisierung zu realisieren, kann man neben dem öffentlichen Schlüssel auch weitere Attribute (z. B. Zugriffsprivilegien) in das Public-Key-Zertifikat aufnehmen. Das erweiterte Public-Key-Zertifikat bescheinigt in diesem Fall die Bindung des öffentlichen Schlüssels und die Bindung der Attribute an das Subjekt des Zertifikats. Abbildung 3.1 zeigt ein Beispiel für ein erweitertes Public-Key-Zertifikat. Hier wird dem Benutzer Bob der öffentliche Schlüssel *pb* zugesprochen. Außerdem bescheingt es Bob drei weitere Attribute:

Abbildung 3.1: Ein um Attribute erweitertes Public-Key-Zertifikat

Abbildung 3.2: Unterschiedliche Attribute werden auf verschiedene Zertifikattypen aufgeteilt

- Bob darf Überweisungen von Konto x ausführen.

- Bob darf die Tür y aufsperren.

- Bob hat das biometrische Merkmal z.

Dieser Ansatz bringt aber ein Problem mit sich. Das erweiterte Public-Key-Zertifikat trägt eine Gültigkeitsdauer, die für alle bescheinigten Attribute gilt. Verändert sich eines der Attribute vor Ablauf der Gültigkeitsdauer, muss das erweiterte Zertifikat zurückgerufen werden. Davon sind aber auch die anderen Attribute des Zertifikats betroffen, die weiterhin gültig bleiben sollen. In der Regel haben unterschiedliche Attribute verschiedene Gültigkeitsdauern. Außerdem sind meist unterschiedliche Zertifizierungsstellen für die Vergabe von verschiedenen Attributen zuständig. Deswegen bietet es sich an, pro Attribut ein gesondertes Zertifikat auszustellen.

Durch diese Aufteilung entstehen zwei verschiedene Zertifikattypen. Es wird zwischen Public-Key-Zertifikaten und Attribut-Zertifikaten unterschieden (vgl. Abbildung 3.2). In einer PKI werden als Grundlage für die Authentifizierung Public-Key-Zertifikate verwendet. Analog dazu werden in einer Privilege-Management-Infrastruktur (PMI) Attribut-Zertifikate als Basis für eine Autorisierung eingesetzt. Kombiniert man beide Infrastrukturen, entsteht eine umfassende Authentifizierungs- und Autorisierungsinfrastruktur (AAI).

3.2 Aufgabe einer Privilege-Management-Infrastruktur

Die Aufgabe einer PMI ist die Verwaltung von Attributen (wie z. B. Privilegien), die zur Autorisierung von Entitäten verwendet werden können. Es wird das Ziel verfolgt, Attribute sicher an eine Entität zu binden. Auf dieser Grundlage lässt sich beispielsweise

Abbildung 3.3: Akteure einer Privilege-Management-Infrastruktur

eine Zugriffskontrolle realisieren. Analog zu Public-Key-Infrastrukturen kommen auch hier digitale Zertifikate zum Einsatz.

3.3 Attribut-Zertifikate

Attribut-Zertifikate werden von Attribut-Zertifizierungsstellen ausgestellt und digital signiert. Sie bescheinigen die Bindung eines Attributs an den Namen einer Entität (Subjekt des Zertifikats). Genauso wie Public-Key-Zertifikate tragen Attribut-Zertifikate eine Gültigkeitsdauer und können während der Gültigkeitsdauer zurückgerufen werden.

3.4 Akteure und Aufgabenverteilung in einer PMI

Die Abbildung 3.3 zeigt die Aufgabenverteilung in einer PMI.

Attribut-Zertifizierungsstelle: Die Attribut-Zertifizierungsstelle (Attribute Authority, AA) erstellt und signiert Attribut-Zertifikate. Sie legt eine Gültigkeitsdauer für jedes ausgestellte Attribut-Zertifikat fest.

Rückrufstelle: Die Attribut-Zertifizierungsstelle berechtigt eine Rückrufstelle, Rückrufe zu den von ihr ausgestellten Attribut-Zertifikaten herauszugeben.

Verzeichnis: Attribut-Zertifikate und potenzielle Rückrufe werden in einem Verzeichnis abgelegt.

Objekt: Das zu schützende Objekt. Zum Beispiel kann dies eine Ressource sein, auf die nur mit entsprechender Berechtigung zugegriffen werden darf.

Privilegien-Anwender (Bob): Der Privilegien-Anwender wendet sich an den Privilegien-Prüfer und fordert einen Zugriff auf das zu schützende Objekt.

Privilegien-Prüfer (Alice): Der Privilegien-Prüfer kontrolliert den Zugriff auf das zu schützende Objekt. Er gewährt dem Privilegien-Anwender einen Zugriff, sofern ihm (dem Privilegien-Prüfer) Attribut-Zertifikate vorliegen, die er als autorisierend ansieht. Diese Zertifikate kann der Privilegien-Prüfer entweder aus dem Verzeichnis abrufen (wie in Abbildung 3.3 dargestellt) oder der Privilegien-Anwender legt zusammen mit der Zugriffsanfrage die benötigten Attribut-Zertifikate vor.

3.5 Attribute

In einer PMI werden Attribute zertifiziert. Bei Attributen ist zu unterscheiden zwischen deskriptiven Attributen und Privilegien. *Deskriptive Attribute* beschreiben die Eigenschaften einer Entität. Beispiele hierfür sind:

- Gruppenmitgliedschaft

- Organisatorische Funktion (Rolle)

- Besitz einer Fahrkarte

- Namens-Alias

- Biometrisches Referenzmuster

Der Privilegien-Prüfer kann auf Basis eines deskriptiven Attributs über den Zugriff auf ein zu schützendes Objekt entscheiden. Die Bindung eines deskriptiven Attributs an eine Entität impliziert eine Berechtigung, wenn eine Zugriffsregel erfüllt ist. Zum Beispiel:

Bindung:	Bob besitzt eine Fahrkarte für die Strecke s (deskriptives Attribut).
Regel:	Jeder, der eine Fahrkarte für die Strecke s besitzt, darf auf der Strecke s fahren.
Implikation:	Bob darf auf der Strecke s fahren (Privileg).

Ein *Privileg* beschreibt die Berechtigung einer Entität explizit (z. B. Bob hat das Recht die Datei d zu lesen, Bob darf auf der Strecke s fahren). Im Unterschied zu deskriptiven Attributen können Privilegien an andere Entitäten weitergereicht werden. Die Delegation von Privilegien lässt sich ebenfalls mit Hilfe von Attribut-Zertifikaten realisieren (vgl. Abschnitt 3.7). Einige Beispiele für Privilegien sind:

- Recht zum Zugriff auf das Girokonto x

- Recht zum Lesen einer Datei y oder eines Verzeichnisses z

- Recht zum Zutritt zu einem Gebäude u

- Recht zum Ausführen einer Software-Methode v

3.6 Einsatz deskriptiver Attribute zur Benutzerauthentifikation

Das im Abschnitt 2.1.2 beschriebene Challenge-Response Protokoll zur Benutzerauthentifikation verwendet ein Wissensmerkmal zur Identifikation. Es wird ausgenutzt, dass nur Bob den (geheimen) privaten Schlüssel kennt, der zu seinem öffentlichen Schlüssel passt. Wie bereits dargestellt, ist die Echtheit von Bobs öffentlichem Schlüssel eine Grundvoraussetzung für die Anwendbarkeit dieses Authentifizierungsverfahrens. Die Bindung des öffentlichen Schlüssels an Bob wird durch ein Public-Key-Zertifikat erreicht. Es bietet sich an, diesen Ansatz auch für andere Authentifizierungsverfahren zu verfolgen. Zu diesem Zweck können Attribut-Zertifikate eingesetzt werden, die als deskriptives Attribut das Authentifizierungsmerkmal an das zu identifizierende Subjekt binden. Dieses Vorgehen hat den Vorteil, dass Attribut-Zertifikate eine zuverlässige, systemunabhängige und über offene Netze übertragbare Bindung des Authentifizierungsmerkmals an das zu identifizierende Subjekt darstellen.

Deskriptive Attribute zur Beschreibung von Wissensmerkmalen

Ein Wissensmerkmal wie z. B. ein geheimes Passwort darf nicht unmittelbar als Attribut in ein Attribut-Zertifikat aufgenommen werden. Im Zuge der Veröffentlichung des Attribut-Zertifikats würde auch das Wissensmerkmal veröffentlicht werden. Jeder könnte das geheime Passwort lesen. Es darf nur das Bild des Wissensmerkmals unter einer (allgemeinbekannten) Einwegfunktion h in das Attribut-Zertifikat aufgenommen werden. Beim Einsatz eines Authentifizierungsverfahrens mit symmetrischem Passwort als Wissensmerkmal bedeutet dies, dass im Attribut-Zertifikat nicht das geheime Passwort p steht, sondern der Wert $attrib = h(p)$.

Bei der Benutzerauthentifikation wird das Wissensmerkmal vom Benutzer abgefragt. Das Verfahren entscheidet über den Erfolg der Authentifizierung, indem es die Einwegfunktion h auf das vorgelegte Wissensmerkmal p' anwendet und das Ergebnis mit dem im Attribut-Zertifikat bescheinigten Attributwert vergleicht:

$$h(p') = attrib$$

Fällt diese Prüfung positiv aus, ist die Identität des Subjekts sichergestellt. Nur das Subjekt kennt das Wissensmerkmal p, das nötig ist, um den Wert $attrib$ zu erzeugen.

Deskriptive Attribute zur Beschreibung von inhärenten Merkmalen (biometrische Referenzmuster)

Bei Authentifizierungsverfahren auf Basis von inhärenten Merkmalen (Biometrie, Unterschrift) werden bei der Registrierung des Benutzers Referenzmuster des Authentifizierungsmerkmals hinterlegt. Zur Authentifizierung wird geprüft, ob der Benutzer Merk-

Zertifikat 1   Zertifikat 2

Abbildung 3.4: Eine Delegationskette mit zwei Attribut-Zertifikaten

male präsentieren kann, die mit dem hinterlegten Referenzmuster (weitgehend) übereinstimmen. Das Referenzmuster kann als deskriptives Attribut mit Hilfe eines Attribut-Zertifikats an den Namen des Benutzers gebunden werden. Aus Datenschutzgründen sollten biometrische Referenzmuster verschlüsselt gespeichert und zertifiziert werden.

3.7 Delegation von Privilegien

Bei der Delegation von Privilegien reicht eine Entität die eigenen Privilegien an eine andere Entität weiter. Zu diesem Zweck werden ebenfalls Attribut-Zertifikate verwendet. Das Vorgehen lässt sich an folgendem Beispiel erklären:

Beispiel 3.1 (Delegation). Der Geschäftsführer Dave ist Kontoinhaber des Firmenkontos x. Die Bank räumt ihm alle Rechte für dieses Konto ein. Somit besitzt er auch das Privileg, Überweisungen von Konto x auszuführen (Privileg p). Für Überweisungen von Konto x ist die Buchhaltung zuständig. Darum delegiert Dave das Privileg p an Carol. Auch Carol bearbeitet die Überweisungen nicht persönlich. Sie delegiert das Privileg p an Bob, damit dieser die Überweisungen ausführen kann.

Die in Beispiel 3.1 beschriebene Delegationskette von Dave über Carol zu Bob wird durch zwei Attribut-Zertifikate realisiert. Abbildung 3.4 zeigt die Attribut-Zertifikate der Delegationskette. Das erste Zertifikat bescheinigt Carol das Privileg zum Ausführen von Überweisungen. Es wurde von Geschäftsführer Dave ausgestellt. Durch das zweite Attribut-Zertifikat wird dieses Privileg von Carol an Bob weitergereicht. Diese Delegationskette hat die Länge drei. Die *Länge einer Delegationskette* entspricht der Anzahl der enthaltenen Delegationsschritte (hier: Alice an Dave, Dave an Carol, Carol an Bob).

3.7.1 Prüfung von Delegationsketten

Angenommen, der Privilegien-Prüfer Alice hat die Aufgabe, die Onlinebanking-Anwendung der kontoführenden Bank vor unberechtigten Zugriffen zu schützen. Alice ist dafür zuständig, dass nur autorisierte Benutzer Überweisungen ausführen können. Bob wendet sich an Alice mit einem Online-Überweisungsauftrag für Konto x. Alice muss entscheiden, ob die Bindung des Privilegs zum Überweisen von Konto x (Privileg p) an Bob authentisch ist oder nicht. Dazu überprüft sie die Attribut-Zertifikate der Delegationskette nach folgendem Schema:

    1. Gibt es ein gültiges Attribut-Zertifikat, das Bob das Privileg p bescheinigt?

Abbildung 3.5: Ein selbstsigniertes Attribut-Zertifikat

2. Ist die digitale Signatur des Attribut-Zertifikats gültig (Authentizität und Integrität des Zertifikats)?

3. Besitzt der Aussteller des Attribut-Zertifikats das Privileg p?

Im vorliegenden Beispiel 3.1 wird das erste Kriterium von Zertifikat 2 erfüllt. Zur Prüfung des zweiten Kriteriums benötigt Alice den authentischen öffentlichen Schlüssel des Zertifikat-Ausstellers Carol. An dieser Stelle ist die Schlüsselauthentifizierung mit Hilfe einer PKI gefordert.[1] Anschließend muss Alice entscheiden, ob die Zertifikat-Ausstellerin Carol selbst das Privileg p besitzt (Kriterium 3). Carol darf das Privileg nur delegieren, falls sie es selbst besitzt. Im vorliegenden Beispiel erhält Carol das Privileg p durch Zertifikat 1 von Dave. Alice wiederholt die beschriebenen Prüfungen nun für dieses Attribut-Zertifikat. Dabei gelangt sie zuletzt zu der Frage, ob der Zertifikat-Aussteller Dave das Privileg p besitzt.

3.7.2 Autoritätsursprung

Wie in Abbildung 3.4 dargestellt, betrachtet Alice den Geschäftsführer Dave als Autoritätsursprung (vgl. [45]) (Source of Authority, SOA) für das Privileg p. Alice hält die Bindung des Privilegs p an Dave initial für authentisch. Die SOA ist diejenige Attribut-Zertifizierungsstelle, welche aus Alices Perspektive die endgültige Verantwortung für die Vergabe bestimmter Privilegien trägt. Analog zu selbstsignierten Public-Key-Zertifikaten (vgl. Abschnitt 2.5) kann Alice ihr Wissen über die authentische Bindung eines Privilegs an eine Entität mit Hilfe eines selbstsignierten Attribut-Zertifikats zum Ausdruck bringen. In Abbildung 3.5 ist das selbstsignierte Attribut-Zertifikat zu Beispiel 3.1 dargestellt.

3.7.3 Beschränkung der Delegationsweite

Mit jedem Privileg ist eine Beschränkung der Delegationsweite verbunden. Diese Beschränkung wird als *Delegationsstufe* des Privilegs bezeichnet. Die Delegationsstufe eines Privilegs hat folgende Bedeutung:

- Delegationsstufe 1 bedeutet, dass das Privileg ausgeübt, aber nicht delegiert werden darf.

---

[1] Auf das Zusammenspiel von PKI und PMI geht Kapitel 6 ein.

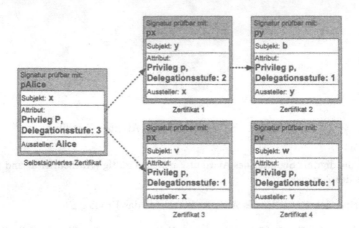

Abbildung 3.6: Beschränkung der Delegationsweite durch delegierende Entitäten

- Delegationsstufe 2 bedeutet, dass das Privileg ausgeübt und über maximal eine Instanz hinweg delegiert werden darf.

- Delegationsstufe 3 bedeutet, dass das Privileg ausgeübt und über maximal zwei Instanzen hinweg delegiert werden darf.

- Delegationsstufe 4 bedeutet, dass das Privileg ausgeübt und über maximal drei Instanzen hinweg delegiert werden darf.

  usw.

Beschränkung durch den Privilegien-Prüfer

Alice legt für jedes Privileg die *maximale Delegationsstufe* fest. Damit sie eine Delegationskette für ein Privileg p akzeptiert, darf die Länge der Delegationskette die maximale Delegationsstufe nicht überschreiten. Diese Beschränkung gilt für alle Delegationsketten des Privilegs p.

Beschränkung durch delegierende Entitäten

Jede delegierende Entität hat die Möglichkeit, die Delegationsstufe des von ihr weitergereichten Privilegs zu setzen. In Abbildung 3.6 sind zwei Delegationsketten dargestellt. Durch ein selbstsigniertes Zertifikat legt Alice als Autoritätsursprung für das Privileg p den Teilnehmer x fest. Dabei setzt sie die Delegationsstufe auf 3. Das bedeutet, dass Delegationsketten, die bei Teilnehmer x beginnen, maximal 2 weitere Delegationsschritte enthalten dürfen.

Kette 1 (Selbstsigniertes Zertifikat, Zertifikat 1, Zertifikat 2): In Zertifikat 1 setzt der Aussteller x die Delegationsstufe des Privilegs p auf den Wert 2. Dies erlaubt die Delegation über maximal eine Instanz hinweg. Das Subjekt y des Zertifikats 1

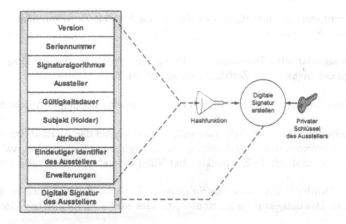

Abbildung 3.7: Aufbau eines X.509 Attribut-Zertifikats

nutzt dies aus und delegiert das Privileg p mit Hilfe des Zertifikats 2 an b. Der Benutzer b kann das Privileg p ausüben, darf es aber nicht weiterdelegieren.[2]

Kette 2 (Selbstsigniertes Zertifikat, Zertifikat 3): In Zertifikat 3 setzt der Aussteller x die Delegationsstufe des an Subjekt v weitergereichten Privilegs p auf den Wert 1. Der Teilnehmer v darf das Privileg ausüben, aber nicht delegieren. Das von v ausgestellte Zertifikat 4 darf nicht verwendet werden, weil v kein Recht zum Delegieren des Privilegs p hat.

3.8 ITU-T Recommendation X.509

Die aktuelle Version der ITU-T/ISO Empfehlung X.509 [20] aus dem Jahr 2000 enthält neben den Spezifikationen für Public-Key-Infrastrukturen ebenfalls Standardisierungs-empfehlungen für Privilege-Management-Infrastrukturen. Ein Profil des PMI-Teils von X.509 wurde beispielsweise von der PKIX-Arbeitsgruppe im Internetstandard [25] abgeleitet.

3.8.1 Attribut-Zertifikate

In Abbildung 3.7 ist der Aufbau eines Attribut-Zertifikats nach der aktuellen X.509 Spezifikation dargestellt. Es enthält die folgenden Datenfelder:

Version: Die Versionsnummer (1 oder 2) des vorliegenden Attribut-Zertifikats. Das hier beschriebene Zertifikat-Format entspricht der Version 2.

---

[2]Das wäre auch der Fall, wenn die Delegationsstufe in Zertifikat 2 einen höheren Wert als 1 hätte. Der Teilnehmer b dürfte das Privileg dann ebenfalls nicht delegieren, denn es würden die Beschränkungen durch Zertifikat 1 (Delegationsstufe 2) und durch das selbstsignierte Zertifikat (Delegationsstufe 3) greifen.

Seriennummer: Ein eindeutiger Identifier für das Attribut-Zertifikat, relativ zum Aussteller des Zertifikats.

Signaturalgorithmus: Bezeichnet das Public-Key-Verfahren, das zur Erzeugung der digitalen Signatur des Zertifikats verwendet wurde.

Aussteller: Der Name des Ausstellers (vgl. Namenskonventionen in Abschnitt 2.8.4).

Gültigkeitsdauer: Das zeitliche Intervall, währenddessen das Attribut-Zertifikat gültig ist, sofern es nicht zurückgerufen wurde. Beginn und Ende des Intervalls werden beschrieben durch die Zeitpunkte „Not Valid Before" und „Not Valid After".

Subjekt (Holder): Der Name des Subjekts (vgl. Namenskonventionen in Abschnitt 2.8.4). Das Subjekt eines Attribut-Zertifikats wird auch als Besitzer (Holder) bezeichnet.

Attribute: Die Attribute, die dem Subjekt durch dieses Zertifikat bescheinigt werden.

Eindeutiger Identifier des Ausstellers (optional): Dieses Datenfeld kann dazu verwendet werden, den Aussteller des Attribut-Zertifikats eindeutig zu bezeichnen, falls das Feld Aussteller keine eindeutige Referenz darstellt. Der Internetstandard [25] empfiehlt, dieses Feld nicht zu verwenden.

Erweiterungen: Dieses Datenfeld ermöglicht anwendungsspezifische Erweiterungen. Es wird der gleiche Erweiterungsmechanismus mit Kritikalitätskennzeichen wie bei Public-Key-Zertifikaten (vgl. Abschnitt 2.8.2) verwendet.

3.9 Realisierung klassischer Autorisierungsmodelle auf Basis einer PMI

Klassische Autorisierungsmodelle lassen sich auf der Grundlage einer PMI realisieren (vgl. [8]). Dieser Abschnitt stellt drei bekannte Autorisierungsmodelle vor und legt dar, wie sie mit Hilfe von Attribut-Zertifikaten implementiert werden können.

3.9.1 Discretionary Access Control (DAC)

Das DAC-Modell ist weit verbreitet im Bereich der Zugriffskontrolle von Dateisystemen und Datenbanken. Jedes zu schützende Objekt (z. B. eine Datei) ist einem Eigentümer oder Verwalter zugeordnet, der Zugriffsrechte für das Objekt vergibt. In einer Access Control List (ACL) werden die Zugriffsrechte der Subjekte auf die verschiedenen Objekte eingetragen. In Tabelle 3.1 ist ein Beispiel für eine ACL einer einzelnen Datei mit dem Namen *file.txt* dargestellt. Hier hat das Subjekt *c* die Rechte zum Lesen (r), Schreiben (w) und Ausführen (x) der Datei. Das Subjekt *d* hat nur Leserechte, Subjekt *e* hat Lese- und Schreibrechte für die Datei.

Subjekt	Rechte
c	r w x
d	r - -
e	r w -

Tabelle 3.1: Access Control List der Datei *file.txt*

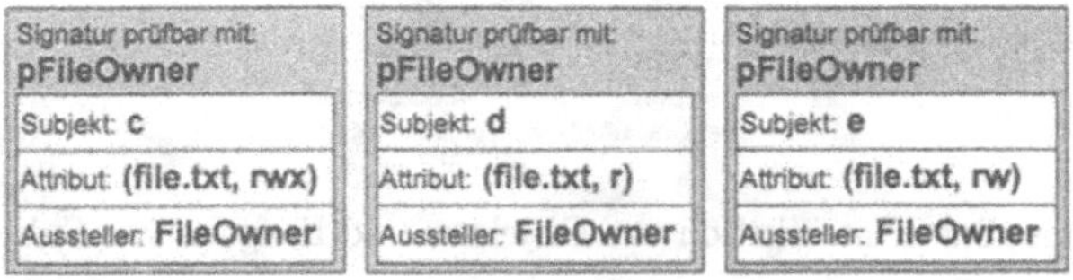

Signatur prüfbar mit: pFileOwner	Signatur prüfbar mit: pFileOwner	Signatur prüfbar mit: pFileOwner
Subjekt: **c**	Subjekt: **d**	Subjekt: **e**
Attribut: **(file.txt, rwx)**	Attribut: **(file.txt, r)**	Attribut: **(file.txt, rw)**
Aussteller: **FileOwner**	Aussteller: **FileOwner**	Aussteller: **FileOwner**

Abbildung 3.8: Realisierung der ACL aus Tabelle 3.1 durch Attribut-Zertifikate

DAC basierend auf Attribut-Zertifikaten

Der Eigentümer bzw. der Verwalter der Objekte stellt Attribut-Zertifikate für die Subjekte aus, die Zugriffsrechte auf das geschützte Objekt haben. Die Attribut-Zertifikate bescheinigen den Subjekten die entsprechenden Zugriffsprivilegien. Die ACL aus Tabelle 3.1 kann mit Hilfe von drei Attribut-Zertifikaten umgesetzt werden (siehe Abbildung 3.8).

3.9.2 Mandatory Access Control (MAC)

Ein Beispiel für ein MAC-Zugriffskontrollmodell ist das Military Security Model. Hierbei werden die zu schützenden Objekte und die zugreifenden Subjekte in Schutzklassen eingeteilt. Die Schutzklasse des Subjekts wird als Freigabe bezeichnet, die des Objekts als Klassifikation. Die verschiedenen Schutzklassen sind in einer systemweit festgelegten Reihenfolge geordnet, zum Beispiel nach dem Schema:

Confidential < Classified < Secret < Top Secret

Ein Subjekt erhält Zugriff auf ein Objekt, wenn die Freigabe des Subjekts größer oder gleich der Schutzklasse des Objekts ist. Die Abbildung 3.9 zeigt ein Beispiel für eine Klassifikation von vier Objekten. Der Benutzer c ist in die Freigabe Classified eingeordnet. Er erhält Zugriff auf Objekte der Klassifikation Confidential und Classified. Der Benutzer d hat die Freigabe Secret. Er kann auf alle Objekte außer auf das Objekt mit der Schutzklasse Top Secret zugreifen.

MAC basierend auf Attribut-Zertifikaten

Die Freigaben können als deskriptives Attribut mit Hilfe von Attribut-Zertifikaten an die zugreifenden Subjekte gebunden werden. In Abbildung 3.10 sind zwei Attribut-Zertifikate dargestellt, welche die Freigaben aus Abbildung 3.9 an Benutzer c und an Benutzer d binden. Die Klassifikation der zu schützenden Objekte kann ebenfalls mit Hilfe von Attribut-Zertifikaten nach diesem Prinzip erfolgen. Der Privilegien-Prüfer entscheidet nach

Abbildung 3.9: Klassifikation von Objekten und Freigabe von Subjekten

Abbildung 3.10: Bindung der Freigaben mit Hilfe von Attribut-Zertifikaten

Vorlage dieser Attribut-Zertifikate, ob ein Subjekt Zugriff auf ein geschütztes Objekt erhält. Er prüft, ob die Freigabe des Subjekts höher oder gleich der Klassifikation des Objekts ist.

3.9.3 Role Based Access Control (RBAC)

Das RBAC-Modell basiert auf dem Konzept der Rolle als Mittler zwischen Subjekten und Zugriffsrechten auf Objekte. Die Rolleneinteilung richtet sich dabei häufig an der organisatorischen Struktur der Einsatzumgebung (z. B. Rolle des Dekans, Rolle des Studenten). Der Einsatz von Rollen ist vorteilhaft, wenn die Rolleneinteilung im Laufe der Zeit relativ unverändert bleibt im Vergleich zu den Subjekten, die einer Rolle zugeordnet sind. Die Grundidee des RBAC-Modells besteht darin, dass Zugriffsrechte in einem ersten Schritt an Rollen vergeben werden. In einem zweiten Schritt werden diese Rollen den Subjekten zugeordnet, wobei ein Subjekt auch mehrere Rollen übernehmen kann. Der Rolleninhaber erhält auf diese Weise die Zugriffsrechte der Rolle.

RBAC basierend auf Attribut-Zertifikaten

Die X.509 Spezifikation [20] umfasst ein Rollenmodell, das es erlaubt, Privilegien indirekt an Entitäten zu binden. Hierzu wird einem Subjekt eine bestimmte Rolle durch ein Rollen-Zuweisungs-Zertifikat bescheinigt. Die mit der Rolle verbundenen Privilegien werden mit Hilfe von Rollen-Spezifikations-Zertifikaten an den Namen der Rolle gebunden (siehe Abbildung 3.11). Auf diese Weise entsteht eine Bindung des Subjekts an eine Rolle und eine Bindung der Rolle an ein Privileg. Somit wird ein Privileg über den

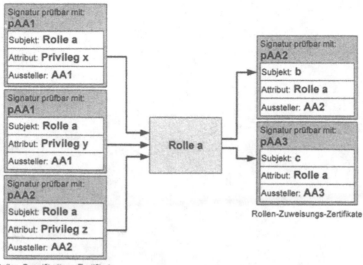

Abbildung 3.11: Rollen-Spezifikations- und Rollen-Zuweisungs-Zertifikate

Zwischenschritt der Rolle an das Subjekt gebunden. Rollen-Zuweisungs- und Rollen-Spezifikations-Zertifikate sind Attribut-Zertifikate mit besonderem Inhalt. Ein Rollen-Spezifikations-Zertifikat enthält als Subjekt den Namen der Rolle und als Attribut das zu vergebende Privileg. Ein Rollen-Zuweisungs-Zertifikat enthält als deskriptives Attribut den Namen der Rolle und als Subjekt die betreffende Entität.

4 Rückruf von Zertifikaten

Public-Key-Zertifikate und Attribut-Zertifikate tragen eine Gültigkeitsdauer. Während dieser Zeitspanne ist die durch das Zertifikat bescheinigte Bindung eines öffentlichen Schlüssels oder eines Attributs an das Subjekt des Zertifikats gültig. Vor dem Ablauf der Gültigkeitsdauer kann aber ein unerwartetes Ereignis eintreten, das erfordert, dass die im Zertifikat bescheinigte Bindung gelöst wird. Dieses Kapitel gibt einen Überblick über Zertifikat-Rückruftechniken aus Theorie und Praxis. Am Ende das Kapitels werden die Eigenschaften von Zertifikat-Rückrufen zusammengefasst. Die Zusammenfassung ist eine Grundlage für die Modellierung von Rückrufen.

4.1 Certificate Revocation List (CRL)

Eine CRL ist eine Datenstruktur, die eine Liste von eindeutigen Referenzen auf zurück-gerufene Zertifikate enthält. Ein Eintrag für ein bestimmtes Zertifikat in der CRL zeigt an, dass das angeführte Zertifikat zurückgerufen wurde. Die CRL wird von der Rück-rufstelle ausgestellt und digital signiert (Schutz der Authentizität und Integrität). Die Rückrufstelle legt in regelmäßigen Zeitabständen Aktualisierungen der CRL im Ver-zeichnis ab. Die aktuelle CRL kann von den Benutzern abgerufen werden. Damit ein Benutzer einen Rückrufeintrag einer CRL akzeptiert, muss er die Rückrufstelle für be-rechtigt ansehen, das durch den Rückrufeintrag bezeichnete Zertifikat zurückzurufen. Häufig übernimmt die Zertifizierungsstelle auch die Aufgaben der Rückrufstelle. In ei-nem solchen Fall ist der Aussteller der Zertifikate ebenfalls der Aussteller der CRL. In Abbildung 4.1 ist eine CRL nach der X.509 Standardisierungsempfehlung [20] darge-stellt. Diese standardisierte Rückrufliste besteht aus folgenden Datenfeldern:

Version: Die Versionsnummer (1 oder 2) der vorliegenden CRL. Die hier beschriebene CRL entspricht der Version 2.

Signaturalgorithmus: Bezeichnet das Public-Key-Verfahren, das zur Erzeugung der digitalen Signatur der CRL verwendet wurde.

Aussteller: Der Name der Rückrufstelle (vgl. Namenskonventionen in Abschnitt 2.8.4).

Dieses Update: Der Zeitpunkt, an dem die vorliegende CRL ausgestellt wurde. Die Zeit wird genauso wie die Gültigkeitszeiträume von Zertifikaten entweder in Ko-ordinierter Weltzeit (UTC) oder in Generalized Time dargestellt (vgl. Abschnitt 2.8.2).

Nächstes Update (optional): Der Zeitpunkt, an dem die nächste CRL spätestens aus-gestellt wird. Es ist möglich, dass bereits vor diesem Zeitpunkt eine neue CRL ausgestellt wird.

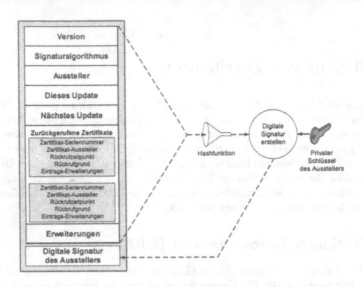

Abbildung 4.1: Aufbau einer X.509 Certificate Revocation List

Zurückgerufene Zertifikate: Die Liste der eindeutigen Referenzen auf die zurückgerufenen Zertifikate. Ein Eintrag dieser Liste besteht aus folgenden Datenfeldern:

Zertifikat-Seriennummer: Die Seriennummer des zurückgerufenen Zertifikats. Jeder Zertifikat-Aussteller muss eindeutige Seriennummern für die von ihm ausgestellten Zertifikate vergeben.

Zertifikat-Aussteller (optional): Das Feld bezeichnet den Aussteller des zurückgerufenen Zertifikats, falls dieser nicht mit dem Aussteller der CRL übereinstimmt. Der Name des Zertifikat-Ausstellers ergibt zusammen mit der Seriennummer eine eindeutige Referenz auf das zurückgerufene Zertifikat. Eine CRL mit solchen Einträgen wird in X.509 als *indirekte CRL* bezeichnet.

Rückrufzeitpunkt: Der Zeitpunkt, zu dem das Zertifikat zurückgerufen wird. Von diesem Zeitpunkt an verliert das Zertifikat vorzeitig seine Gültigkeit.

Rückrufgrund (optional): Falls vorhanden, gibt dieses Feld den Grund für den Rückruf des Zertifikats an. Es steht eine Liste vordefinierter Begründungen zur Verfügung. Dazu zählen z. B. Kompromittierung des privaten Schlüssels (keyCompromise), Namensänderung des Subjekts (affiliationChanged) und Rücknahme des Privilegs (privilegeWithdrawn).

Eintrags-Erweiterungen (optional): Für jeden einzelnen Zertifikat-Eintrag in der Rückrufliste können mit Hilfe dieses Erweiterungsfeldes zusätzliche Informationen angegeben werden. Genauso wie bei Zertifikat-Erweiterungen ist hier zu unterscheiden zwischen optionalen Standarderweiterungen und privaten Erweiterungen (vgl. Abschnitt 2.8.2). Ein Beispiel für eine Standarder-

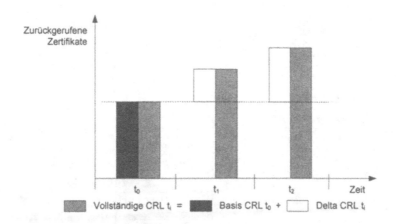

Abbildung 4.2: Effizienzsteigerung durch zeitliche Partitionierung der CRL

weiterung ist das Feld *Invalidity Date*. Es gibt den Zeitpunkt des Ereignisses
an, das der Grund für die Ungültigkeit des Zertifikats ist. Dieser Zeitpunkt
ist kleiner gleich dem Rückrufzeitpunkt. Bei einem Rückruf wegen der Kompromittierung eines privaten Schlüssels wäre das der (vermutete) Zeitpunkt
der Kompromittierung.

Erweiterungen: Dieses Erweiterungsfeld bezieht sich auf die gesamte CRL und nicht
auf einen einzelnen Rückrufeintrag der CRL. Wiederum wird unterschieden zwischen optionalen Standarderweiterungen und privaten Erweiterungen. Ein Beispiel
für eine optionale Standarderweiterung ist die Information *CRL Number*. Sie enthält eine Seriennummer für die CRL. Ein weiteres Beispiel ist das Feld *CRL Scope*.
Dieses Datenfeld ermöglicht die Partitionierung einer CRL in mehrere CRLs. Zum
Beispiel könnte auf diese Weise eine Teil-CRL ausgestellt werden, die nur Rückrufe
mit bestimmten Rückrufgründen enthält.

4.2 Delta Certificate Revocation List (DCRL)

Eine vollständige CRL enthält alle Rückrufe, die der Aussteller der CRL zum Ausstel-
lungszeitpunkt veröffentlicht. Ein Rückruf für ein Zertifikat darf erst nach Ablauf der
Gültigkeitsdauer des Zertifikats von der CRL entfernt werden. Dies hat zur Folge, dass
CRLs sehr umfangreich werden können, wodurch hohe Kosten für die Übertragung der
Liste entstehen können. Aus diesem Grund werden Delta Certificate Revocation Lists
eingesetzt. In eine DCRL werden nur neu hinzugekommene Rückrufe aufgenommen.
Sie bezieht sich immer auf eine Basis CRL. Die DCRL enthält alle Rückrufe, die seit
dem Ausstellungszeitpunkt der Basis CRL hinzugekommen sind. Das bedeutet, dass
die DCRL zusammen mit der Basis CRL eine vollständige Liste der zurückgerufenen
Zertifikate zum Stand des Ausstellungszeitpunkts der DCRL darstellt. Bei einer Ak-

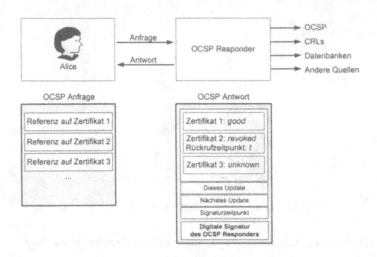

Abbildung 4.3: Ablauf von OCSP, Aufbau von Anfrage und Antwort

tualisierung muss nur die kleinere DCRL übertragen werden und nicht die vollständige CRL. In Abbildung 4.2 ist der Zusammenhang von vollständiger CRL, Basis CRL und DCRL graphisch dargestellt.[1]

4.3 Online Certificate Status Protocol (OCSP)

Das Online Certificate Status Protocol ist im Internetstandard [24] definiert. OCSP ist ein einfaches Anfrage - Antwort Protokoll mit dessen Hilfe der Status eines Zertifikats überprüft werden kann. Abbildung 4.3 zeigt den Ablauf des Protokolls. Alice sendet in einer OCSP Anfrage eine Liste von eindeutigen Referenzen auf die Zertifikate, für deren Status sie sich interessiert. Der OCSP Responder sendet als Antwort eine Statusmeldung für jedes angefragte Zertifikat. Es stehen drei verschiedene Statusmeldungen zur Verfügung:

good: Das Zertifikat wurde nicht zurückgerufen. Diese Statusmeldung impliziert nicht, dass das Zertifikat noch gültig ist oder dass es überhaupt ausgestellt wurde. Sie besagt lediglich, dass das Zertifikat nicht zurückgerufen wurde.

revoked: Das Zertifikat wurde zurückgerufen.

unknown: Dem OCSP Responder liegt keine Statusinformation zu dem Zertifikat vor.

Falls als Statusmeldung ein Rückruf signalisiert wird (revoked), wird auch der Zeitpunkt des Rückrufs übermittelt. Die Antwort wird durch den OCSP Responder zum

---

[1]Zur Vereinfachung wird in Abbildung 4.2 davon ausgegangen, dass kein zurückgerufenes Zertifikat zwischen den Zeitpunkten t_0 und t_2 die Gültigkeit verliert. Somit wird hier kein Rückruf von der vollständigen CRL entfernt.

Schutz der Authentizität und Integrität digital signiert. Alice muss den OCSP Responder für berechtigt ansehen, Statusmeldungen für die angefragten Zertifikate abzugeben. Das Protokoll kann CRLs und andere Rückruftechniken nicht ersetzen. Der OCSP Responder bezieht die Statusinformationen von CRLs, von einem weiteren OCSP Responder, einer Datenbank oder einer anderen Informationsquelle. Der Vorteil des Protokolls im Vergleich zu CRLs liegt darin, dass Alice nur die Statusinformation zu den Zertifikaten übertragen und verarbeiten muss, für die sie sich interessiert. Bei einer CRL hingegen erhält Alice viele Rückruf-Informationen, für die sie keine Verwendung hat. OCSP liefert nur Informationen zu angefragten Zertifikaten.

Neben den Statusinformationen enthält die OCSP Antwort die Datenfelder „Dieses Update" und „Nächstes Update". Die Bedeutung dieser Felder entspricht der Bedeutung der gleichnamigen Felder einer CRL (vgl. Abschnitt 4.1). Das Datenfeld „Signaturzeitpunkt" gibt den Zeitpunkt der Signatur des OCSP Responders an. Auf Grundlage dieser Zeitinformationen muss Alice entscheiden, ob eine OCSP Antwort für ihre Sicherheitsanforderungen ausreichend aktuell ist.

4.4 Standard Certificate Validation Protocol (SCVP)

Das Standard Certificate Validation Protocol [27] wird von der PKIX Arbeitsgruppe entwickelt. Das Protokoll hat noch nicht den Status eines Internetstandards erreicht.[2] SCVP bietet einem Benutzer die Möglichkeit, das Aufbauen und/oder das Überprüfen einer Zertifikations- bzw. einer Delegationskette an einen Server zu delegieren. Es gibt zwei verschiedene Anwendungsmöglichkeiten:

Delegated Path Discovery (DPD): Der Benutzer sendet dem SCVP Server eine Anfrage für ein Public-Key-Zertifikat oder ein Attribut-Zertifikat (oder eine eindeutige Referenz auf ein Zertifikat). Er beauftragt den Server mit dem Finden einer Zertifikations- bzw. einer Delegationskette, ausgehend von einer bestimmten Stammzertifizierungsstelle bzw. einer bestimmten SOA zu dem angefragten Zertifikat. Der SCVP Server liefert dem Benutzer alle gefundenen Zertifikations- bzw. Delegationsketten als Antwort. Darüber hinaus kann der SCVP Server dem Benutzer Rückrufinformationen zu den verwendeten Zertifikaten übermitteln. In diesem Fall reicht der SCVP Server die Statusmeldungen eines OCSP Servers oder die passenden Rückruflisten (CRLs) an den anfragenden Benutzer weiter. Die Anfrage des Benutzers und die Antwort des SCVP Servers müssen nicht digital signiert werden. Die digitale Signatur der übermittelten Zertifikate bzw. der übermittelten Rückrufinformationen sichert bereits die Authentizität und Integrität dieser Informationen. Aus diesem Grund muss der Benutzer nicht den SCVP Server sondern die Rückrufstelle (Aussteller der Rückrufe) für berechtigt ansehen, Rückrufe für Zertifikate auszugeben.

Delegated Path Validation (DPV): Der Benutzer delegiert in diesem Modus nicht nur das Finden einer Zertifikations- bzw. Delegationskette an den SCVP Server,

---

[2]Der aktuelle Status des Protokolls wird auf der Internetseite der PKIX Arbeitsgruppe veröffentlicht: http://www.ietf.org/html.charters/pkix-charter.html

sondern er beauftragt den Server auch mit der Überprüfung der Kette. Der Benutzer überträgt dem Server als Anfrage ein zu überprüfendes Public-Key- oder
Attribut-Zertifikat (oder eine eindeutige Referenz auf das Zertifikat). Der SCVP-
Server sendet dem Benutzer eine digital signierte Antwort mit dem Ergebnis der
Validierung. In diesem Anwendungsmodus muss der Benutzer dem SCVP Server
genauso vertrauen, wie er einer lokalen Software zu Zertifikatvalidierung vertrauen
würde.

SCVP kann Rückruflisten nicht ersetzen. Das Protokoll bezieht die Rückrufinformationen von CRLs oder von OCSP Servern, welche die Rückrufinformationen wiederum
von CRLs beziehen können.

4.5 Certificate Revocation System (CRS)

Das Certificate Revocation System wurde von Micali in der Arbeit [42] vorgestellt. Dieser
Ansatz verfolgt das Ziel, die Übertragungskosten von CRLs zu verringern. Hierzu wird
für jedes gültige Zertifikat in festen Zeitabständen eine Positiv-Nachricht ausgestellt und
im Verzeichnis veröffentlicht. Im Falle eines Rückrufs wird eine Negativ-Nachricht im
Verzeichnis abgelegt. Auf diese Weise muss keine umfangreichere CRL vom Verzeichnis
zu den Benutzern übertragen werden, sondern nur die kürzeren Positiv- bzw. Negativ-
Nachrichten. Zur Sicherung der Authentizität und Integrität dieser Nachrichten kommt
ein On-Line/Off-Line Signaturschema [13] zum Einsatz.

Das CRS arbeitet nach folgendem Schema: Für jedes Zertifikat wählt die Zertifizierungsstelle zwei Zufallszahlen Y_0 und N_0. Beide Zahlen müssen geheimgehalten werden.
Beim Anlegen des Zertifikats berechnet die Zertifizierungsstelle

$$Y_{365} = f^{365}(Y_0) \quad \text{und} \quad N = f(N_0)$$

mit Hilfe einer Einwegfunktion f. Die beiden Ergebnisse dieser Berechnung werden in
den Inhalt des Zertifikats aufgenommen. Die Zahlen Y_{365} und N werden zusammen mit
den üblichen Datenfeldern des Zertifikats von der Zertifizierungsstelle digital signiert.
Die Zertifizierungsstelle sendet dem Verzeichnis täglich[3] Statusinformationen zu den von
ihr ausgestellten Zertifikaten. Hierzu gibt es zwei Möglichkeiten:

Positiv-Nachricht: Für jedes gültige Zertifikat sendet die Zertifizierungsstelle ein
Positiv-Signal und den Wert $C = Y_{365-i} = f^{365-i}(Y_0)$ an das Verzeichnis (mit
$i = 0$ am Tag der Ausstellung des Zertifikats, i wird täglich um den Wert 1 inkre-
mentiert).

Negativ-Nachricht: Für jedes zurückgerufene Zertifikat sendet die Zertifizierungsstelle ein Negativ-Signal und den Wert $C = N_0$ an das Verzeichnis.

---

[3]Hier wird von einer täglichen Aktualisierung und einer maximalen Gültigkeitsdauer der Zertifikate von
365 Tagen ausgegangen. Es können andere Aktualisierungsintervalle und Gültigkeitsdauern gewählt
werden.

Bei der Statusprüfung eines Zertifikats fragt der Benutzer das Statussignal und den Wert C vom Verzeichnis ab. Angenommen, seit dem Tag der Ausstellung des Zertifikats sind 4 Tage vergangen (d. h. $i = 4$). Falls das Verzeichnis meldet, dass das Zertifikat gültig ist, überprüft der Benutzer, ob folgende Gleichung erfüllt ist:

$$Y_{365} = f^4(C)$$

Falls das Verzeichnis meldet, dass das Zertifikat zurückgerufen wurde, überprüft der Benutzer, ob diese Gleichung erfüllt ist:

$$N = f(C)$$

Die beiden Zahlen Y_{365} und N kann der Benutzer dem Zertifikat entnehmen. Der Wert C dient als Authentizitäts- und Integritätsnachweis der Statusmeldung. Er übernimmt die Aufgabe der digitalen Signatur einer CRL. Nur die Zertifizierungsstelle kann den Wert C erzeugen, so dass die Überprüfung der Statusmeldung positiv ausfällt. Die Sicherheit dieses Schemas basiert auf der Einwegeigenschaft der verwendeten Funktion f.

Bemerkung. Die Zertifizierungsstelle kann eine Rückrufstelle mit dem Herausgeben von Statusinformationen beauftragen. Dazu übergibt sie der Rückrufstelle die geheimen Zahlen Y_0 und N_0. Die Rückrufstelle kann auf diese Weise gültige Werte C berechnen und veröffentlichen.

Der Vorteil des CRS gegenüber CRLs liegt in geringeren Übertragungskosten. Micali schätzt die Kommunikationskosten um den Faktor 900 geringer als beim Einsatz von CRLs. Zwar sind die Kosten für die Übertragung der täglichen Statusaktualisierungen von der Zertifizierungsstelle zum Verzeichnis höher als beim Einsatz von CRLs. Dafür sind die Kosten der Übertragung vom Verzeichnis zum Benutzer weitaus geringer. Im Gegensatz zu CRLs werden an die Benutzer nur die Statusinformationen übertragen, die von den Benutzern angefragt werden. Diesen Vorteil hat CRS und OCSP gemeinsam.

4.6 Certificate Revocation Tree (CRT)

Der Rückruf von Zertifikaten mit Hilfe von Certificate Revocation Trees wurde von Kocher in der Arbeit [29] vorgestellt. Genauso wie das CRS verfolgt dieser Ansatz das Ziel, Rückrufinformationen in einer effizienteren Form als in Rückruflisten zu übertragen. CRTs basieren auf dem Konzept eines Merkle-Hash-Baumes [41]. In Abbildung 4.4 ist ein Beispiel für den Aufbau eines CRT dargestellt. In diesem Beispiel wurden die Zertifikate mit den Seriennummern 5, 12, 13 und 15 zurückgerufen. Zur Vereinfachung wird angenommen, dass nur Zertifikate einer einzigen Zertifizierungsstelle zurückgerufen werden. Die Rückrufstelle ist für den Aufbau des CRT zuständig. Für diesen Zweck werden die Rückrufe in einer besonderen Form dargestellt. Es werden fünf Intervalle gebildet: $(-\infty, 5)$, $[5, 12)$, $[12, 13)$, $[13, 15)$, $[15, \infty)$. Zum Beispiel besagt das Intervall $[5, 12)$, dass das Zertifikat mit der Seriennummer 5 zurückgerufen wurde, aber alle Zertifikate mit einer Seriennummer größer als 5 und kleiner als 12 nicht zurückgerufen wurden.

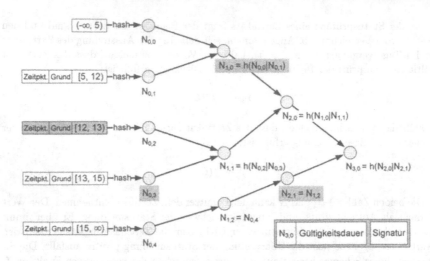

Abbildung 4.4: Beispiel für den Aufbau eines Certificate Revocation Tree

Die Intervalle werden zusammen mit weiteren Informationen zum Rückruf (z. B. Rückrufzeitpunkt, Rückrufgrund) in einer Datenstruktur abgelegt.[4] Diese bilden die Blätter des Hash-Baumes. Der Aufbau des Baumes richtet sich nach folgendem Konstruktionsprinzip: Wie durch die Pfeile in Abbildung 4.4 dargestellt, wird auf jeder Ebene des Baumes ein benachbartes Knotenpaar zu einem neuen Knoten kombiniert. Falls sich ein Paar findet, werden die beiden Knoten konkateniert. Auf den konkatenierten Wert wird eine kollisionsresistente Hashfunktion h angewandt. Als Ergebnis entsteht ein neuer Knoten der übergeordneten Ebene (z. B. werden in Abbildung 4.4 die Knoten $N_{1,0}$ und $N_{1,1}$ zu Knoten $N_{2,0}$ kombiniert). Falls sich kein Paar findet (d. h. es gibt eine ungerade Anzahl von Knoten auf dieser Ebene des Baumes), wird der übrigbleibende Knoten auf die übergeordnete Ebene weitergereicht (z. B. Knoten $N_{0,4}$ und $N_{1,2}$ in Abbildung 4.4). Dieses Prinzip wird solange angewandt, bis sich nur ein einziger neuer Knoten ergibt. Dieser Knoten bildet die Wurzel des Hash-Baumes. Die Rückrufstelle versieht die Wurzel mit einer Gültigkeitsdauer. Während dieser Zeitspanne ist der CRT gültig. Zur Sicherung der Integrität und Authentizität signiert die Rückrufstelle die Wurzel und die Gültigkeitsdauer des Baumes.

Der CRT, die Wurzel mit Gültigkeitsdauer und die dazugehörige digitale Signatur werden von der Rückrufstelle an das Verzeichnis übertragen. Ein Benutzer wendet sich mit einer Statusanfrage zu einem Zertifikat an das Verzeichnis. Die Statusanfrage des Benutzers enthält die Seriennummer und den Namen des Ausstellers des zu überprüfenden Zertifikats. Als Antwort liefert das Verzeichnis diese Informationen:

• Das Blatt des CRT, dessen Intervall die angefragte Seriennummer enthält.

---

[4]Falls Zertifikate von mehreren Zertifizierungsstellen mit Hilfe eines CRT zurückgerufen werden, müssen neben den Seriennummern-Intervallen zusätzlich die Namen der Zertifizierungsstellen in die Datenstruktur aufgenommen werden.

- Alle Knoten des CRT, die dazu benötigt werden, das Blatt an die Wurzel zu binden.

- Die Wurzel mit Gültigkeitsdauer und die zugehörige digitale Signatur.

Angenommen, der Benutzer interessiert sich für den Status des Zertifikats mit der Seriennummer 12. Es kommt der CRT aus Abbildung 4.4 zum Einsatz. Das Verzeichnis übermittelt als Antwort eine Statusnachricht bestehend aus dem Blatt des Intervalls [12, 13) (ein Rückruf), den Knoten $N_{0,3}$, $N_{1,0}$ und $N_{2,1}$, der Wurzel mit Gültigkeitsdauer und der zugehörigen digitalen Signatur (die übermittelten Informationen sind in Abbildung 4.4 grau unterlegt). Der Benutzer bildet zur Prüfung den Hashwert des Blatts mit der Rückrufinformation. Wurde das Blatt korrekt übermittelt, ergibt sich der Knoten $N_{0,2}$. Ausgehend von diesem Knoten und dem übermittelten Knoten $N_{0,3}$ kann der Benutzer den Knoten $N_{1,1}$ erzeugen. Dazu konkateniert er die Knoten $N_{0,2}$ und $N_{0,3}$ und berechnet den Hashwert. Wurden das Blatt und der Knoten $N_{0,3}$ korrekt übermittelt, entsteht der Knoten $N_{1,1}$. Diesen kombiniert der Benutzer nach dem gleichen Schema mit dem übermittelten Knoten $N_{1,0}$ und erhält so den Knoten $N_{2,0}$. Den Knoten $N_{2,0}$ kombiniert er wiederum mit dem übermittelten Knoten $N_{2,1}$. Es ergibt sich die Wurzel des CRT.

Der Benutzer überprüft, ob die von ihm bestimmte Wurzel mit der übermittelten, digital signierten Wurzel übereinstimmt. Die Sicherheit dieses Vorgehens basiert auf der Kollisionsresistenz der eingesetzten Hashfunktion. Veränderte Rückrufinformationen in den Blättern führen zu einem veränderten Wert der berechneten Wurzel. Diese Veränderung würde der Benutzer beim Vergleich mit der übermittelten, digital signierten Wurzel bemerken. Weiterhin prüft der Benutzer, ob der CRT gültig ist (Prüfung der Gültigkeitsdauer des CRT) und ob die digitale Signatur der Wurzel gültig ist. Hierzu benötigt er den authentischen öffentlichen Schlüssel der Rückrufstelle. Fallen alle Prüfungen positiv aus, ist erwiesen, dass der Rückruf von der Rückrufstelle stammt, welche die Wurzel des Baumes signiert hat. Der Rückruf ist authentisch und integer.

Die Vorteile dieses Ansatzes liegen in der guten Skalierbarkeit und im geringen Bandbreitenverbrauch, auch wenn sehr viele Zertifikate zurückgerufen werden. Die Größe einer Statusnachricht steigt nur mit $log_2(N)$ an, falls die Anzahl N der zurückgerufenen Zertifikate ansteigt. Ein Nachteil ist der große Aufwand für die Aktualisierung des CRT. Verändert sich die Menge der zurückgerufenen Zertifikate, muss der gesamte CRT neu berechnet werden und an das Verzeichnis übertragen werden.

4.7 Rückrufschema von Naor und Nissim

In der Arbeit [44] stellen Naor und Nissim eine Rückruftechnik vor, die dem CRT ähnlich ist. Das Konzept basiert auf der Kombination eines balancierten 2-3 Baumes (vgl. [2]) und einer kollisionsresistenten Hashfunktion. Der Ansatz hat im Vergleich zu CRTs den Vorteil, dass er eine effiziente Aktualisierung ermöglicht, ohne dass der vollständige Baum neu berechnet und übertragen werden muss. 2-3 Bäume zeichnen sich durch folgende Eigenschaften aus:

- Jeder innere Knoten hat zwei oder drei unmittelbare Nachfolger.

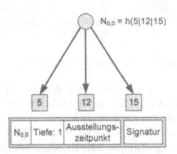

Abbildung 4.5: Ein 2-3 Baum mit Rückrufen für die Zertifikate 5, 12 und 15

- Alle Pfade von der Wurzel zu den Blättern haben die gleiche Länge. Die Länge entspricht der Tiefe des Baumes. Die Tiefe des Baumes ist kleiner als $1 + log_2(N)$, wobei N die Anzahl der Blätter bezeichnet.

- Die Algorithmen für die Suche, das Hinzufügen und das Löschen eines Blatts besitzen die Komplexität $O(logN)$.

- Das Hinzufügen und das Löschen eines Blatts betrifft nur die Knoten des Pfades von der Wurzel zum betroffenen Blatt.

Ein 2-3 Baum wird dazu verwendet, die aufsteigend sortierte Liste der Seriennummern von zurückgerufenen Zertifikaten zu speichern. Den Knoten des Baumes wird ein Wert nach folgendem Schema zugewiesen:

- Jedes Blatt speichert als Wert die Seriennummer eines zurückgerufenen Zertifikats. Die Seriennummern werden in aufsteigender Reihenfolge von links nach rechts auf die Blätter verteilt.

- Der Wert jedes inneren Knoten wird berechnet, indem man die kollisionsresistente Hashfunktion h auf die Konkatenation der Werte der unmittelbaren Nachfolger des inneren Knoten anwendet. Die inneren Knoten eines 2-3 Baumes beinhalten neben dem Hashwert zwei weitere Einträge, die eine effiziente Suche im 2-3 Baum ermöglichen. Details hierzu finden sich in [2, S. 169ff].

Die Rückrufstelle legt den Wert der Wurzel, die Tiefe des Baumes und den Ausstellungszeitpunkt der Rückrufinformationen in einer Datenstruktur ab. Diese Datenstruktur wird zur Sicherung der Authentizität und Integrität von der Rückrufstelle digital signiert. Abbildung 4.5 zeigt ein Beispiel für einen einfachen Rückrufbaum. Es wurden die Zertifikate mit den Seriennummern 5, 12 und 15 zurückgerufen. Der Baum hat die Tiefe 1.

Das Hinzufügen und das Löschen von Seriennummern wird realisiert mit Hilfe der Standard-Algorithmen zur Aktualisierung von 2-3 Bäumen (siehe [2, S. 169ff]). Diese bewahren die beschriebenen Eigenschaften eines 2-3 Baumes. Eine Aktualisierung der Menge der zurückgerufenen Zertifikate erfolgt nach diesem Schema:

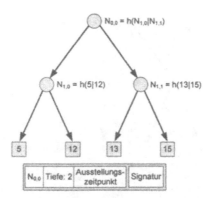

Abbildung 4.6: Erweiterung um den Rückruf für Zertifikat 13

- Lösche die Seriennummer eines zurückgerufenen Zertifikats aus dem Baum, falls die Gültigkeitsdauer des Zertifikats abgelaufen ist. Berechne dabei die Hashwerte der Knoten neu, deren Nachfolger vom Lösch-Algorithmus verändert wurden (die Knoten des Lösch-Pfades).

- Füge die Seriennummer von neu zurückgerufenen Zertifikaten in den Baum ein. Berechne dabei die Hashwerte der Knoten neu, deren Nachfolger vom Einfüge-Algorithmus verändert wurden (die Knoten des Einfüge-Pfades).

In Abbildung 4.6 wird der Rückruf für das Zertifikat mit der Seriennummer 13 zu den Rückrufen aus Abbildung 4.5 hinzugefügt. Nachdem die Wurzel bereits drei unmittelbare Nachfolger besaß, werden zwei neue innere Knoten erzeugt. Der Baum hat nun die Tiefe 2. Es müssen die Hashwerte der Wurzel und der beiden neuen Knoten berechnet werden. In Abbildung 4.7 wird zusätzlich der Rückruf für das Zertifikat mit der Seriennummer 14 zu den Rückrufen hinzugefügt. In diesem Fall kann das neue Blatt als Nachfolger des Knotens $N_{1,1}$ eingefügt werden. Der Knoten $N_{1,1}$ kann das Blatt aufnehmen, weil er noch nicht voll besetzt ist. Es müssen keine zusätzlichen inneren Knoten erzeugt werden. Von dieser Aktualisierung sind die Knoten des Pfades von der Wurzel zum eingefügten Blatt betroffen. Die Hashwerte der Knoten $N_{0,0}$ und $N_{1,1}$ müssen neu berechnet werden. Zusätzlich muss bei jeder Aktualisierung die Datenstruktur mit dem Wert der Wurzel, der Tiefe des Baumes und dem Ausstellungszeitpunkt neu erstellt und digital signiert werden. Die Rückrufstelle, das Verzeichnis und der Benutzer übernehmen folgende Aufgaben:

Aufgaben der Rückrufstelle

Initialisierung: Die Rückufstelle erzeugt nach dem vorgestellten Schema den 2-3 Baum mit den Seriennummern aller aktuell zurückgerufenen Zertifikate. Anschließend überträgt sie eine Liste dieser Seriennummern zusammen mit der Datenstruktur

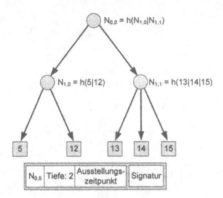

Abbildung 4.7: Erweiterung um den Rückruf für Zertifikat 14

bestehend aus aktueller Wurzel, Baumtiefe und Ausstellungszeitpunkt und die digitale Signatur dieser Datenstruktur an das Verzeichnis.

Aktualisierung: Die Rückrufstelle aktualisiert den Baum, indem sie Seriennummern von zurückgerufenen Zertifikaten hinzufügt oder entfernt. Nach jeder Aktualisierung werden die betroffenen Knoten des Baums neu berechnet. Die Rückrufstelle sendet eine Liste der zu entfernenden und eine Liste der hinzuzufügenden Zertifikate an das Verzeichnis. Zusätzlich überträgt sie die Datenstruktur bestehend aus aktueller Wurzel, Baumtiefe und Ausstellungszeitpunkt und die digitale Signatur dieser Datenstruktur an das Verzeichnis.

Aufgaben des Verzeichnisses

Initialisierung: Beim Empfang der Liste der initial zurückgerufenen Zertifikate berechnet das Verzeichnis den 2-3 Baum nach dem vorgestellten Schema. Dabei ergibt sich die berechnete Wurzel und die berechnete Tiefe des Baumes. Das Verzeichnis prüft, ob die berechneten Werte mit den übermittelten Werten übereinstimmen. Weiterhin wird die digitale Signatur von Wurzel, Baumtiefe und Ausstellungszeitpunkt geprüft. Dazu benötigt das Verzeichnis den authentischen öffentlichen Schlüssel der Rückrufstelle.

Aktualisierung: Das Verzeichnis aktualisiert den 2-3 Baum auf Grundlage der empfangenen Listen mit zu entfernenden und hinzuzufügenden Seriennummern. Es berechnet die Werte aller betroffenen Knoten und prüft, ob die berechneten Werte mit den übermittelten Werten übereinstimmen. Außerdem wird die digitale Signatur von Wurzel, Baumtiefe und Ausstellungszeitpunkt geprüft.

Antwort auf eine Benutzeranfrage: Das Verzeichnis sendet dem Benutzer als Antwort auf eine Statusanfrage für ein Zertifikat die Datenstruktur bestehend aus aktueller Wurzel, Baumtiefe und Ausstellungszeitpunkt. Außerdem überträgt das Verzeichnis die digitale Signatur (der Rückrufstelle) dieser Werte.

- Falls das angefragte Zertifikat zurückgerufen wurde, überträgt das Verzeichnis an den Benutzer alle Knoten des Pfades von der Wurzel zu dem Blatt, das die Seriennummer des zurückgerufenen Zertifikats trägt. Zusätzlich werden die unmittelbaren Nachfolger dieser Knoten übertragen.[5]

- Falls das angefragte Zerifikat nicht zurückgerufen wurde, überträgt das Verzeichnis an den Benutzer die Knoten der Pfade zu den beiden Blättern, welche die nächstgrößere bzw. nächstkleinere Seriennummer im Vergleich zur angefragten Zertifikat-Seriennummer enthalten.

Aufgaben des Benutzers

Der Benutzer sendet dem Verzeichnis eine Statusanfrage für ein Zertifikat mit der Seriennummer s. Er empfängt die Antwort des Verzeichnisses. Zunächst prüft er die digitale Signatur der Rückrufstelle auf der Wurzel, der Baumtiefe und dem Ausstellungszeitpunkt. Dazu benötigt der Benutzer den authentischen öffentlichen Schlüssel der Rückrufstelle.

- Falls das Verzeichnis einen Rückruf signalisiert, überprüft der Benutzer den übermittelten Pfad vom Blatt mit der Seriennummer s zur Wurzel. Dazu wendet er die Hashfunktion h auf die übermittelten Knoten (in der richtigen Reihenfolge) an. Auf diese Weise berechnet er den Wert der Wurzel und die Tiefe des Baumes. Er prüft, ob die berechneten Werte mit den übermittelten Werten übereinstimmen.

- Falls das Verzeichnis keinen Rückruf signalisiert, überprüft der Benutzer die Knoten der zwei übermittelten Pfade. Er prüft, ob die Pfade zu zwei benachbarten Blättern b_1 und b_2 führen, so dass $b_1 < s < b_2$ gilt.

Die Sicherheit des Ansatzes von Naor und Nissim basiert auf der Kollisionsresistenz der Hashfunktion h. Die Kollisionsresistenz verhindert, dass eine Seriennummer verändert oder ein Blatt aufgenommen oder entfernt werden kann, ohne dass sich die Hashwerte der dem Blatt übergeordneten Knoten verändern. Jede Veränderung setzt sich bis zur Wurzel des Baumes fort. Die Integrität und Authentizität der Wurzel wird durch die digitale Signatur sichergestellt. Die signierte Übermittlung der Baumtiefe verhindert, dass ein Angreifer vortäuschen kann, dass die Hashfunktion beliebig oft angewandt wurde. Die Beschränkung auf eine bestimmte Baumtiefe impliziert eine maximale Anzahl von Anwendungen der Hashfunktion h. Diese Beschränkung erschwert es einem Angreifer, eine für seine Zwecke geeignete Kollision der Hashfunktion zu finden.

4.8 Ergebnisse für die AAI-Modellierung

Dieser Abschnitt fasst wichtige Eigenschaften von Zertifikat-Rückrufen als Grundlage für die AAI-Modellierung zusammen.

---

[5] Um Übertragungskapazität zu sparen würde es ausreichen, nur die unmittelbaren Nachfolger der Knoten des Pfades zu übermitteln. Der Benutzer könnte die Knoten des Pfades auf Basis dieser Information selbst berechnen.

Inhalt eines Rückrufs: Ein Rückruf bezieht sich auf genau ein Zertifikat und zeigt an, dass das betroffene Zertifikat ab einem bestimmten Zeitpunkt ungültig ist.

Zeitpunkt des Rückrufs: Der Rückrufzeitpunkt wird von der Rückrufstelle festgelegt. Er liegt in der Regel nach dem Zeitpunkt des Ereignisses, welches der Grund für den Rückruf ist.

Digitale Signatur des Rückrufs: Die Authentizität und Integrität eines Rückrufs muss gewährleistet sein. Aus diesem Grund verwenden die meisten Rückruftechniken eine digitale Signatur. Zur Prüfung der digitalen Signatur benötigt Alice den authentischen öffentlichen Schlüssel der Rückrufstelle.

Aussteller eines Rückrufs: Der Aussteller eines Rückrufs (Rückrufstelle) muss nicht mit dem Aussteller des Zertifikats übereinstimmten.

Privileg zum Rückruf: Die Berechtigung zum Zertifikat-Rückruf ist ein Privileg. Alice muss den Aussteller eines Rückrufs für berechtigt ansehen, die von einer bestimmten Zertifizierungsstelle ausgegebenen Zertifikate zurückzurufen.

Delegation des Rückruf-Privilegs: Das Privileg zum Rückruf kann (wie für Privilegien typisch) mit Hilfe von Attribut-Zertifikaten vergeben und delegiert werden. Alice prüft, ob der Aussteller eines Rückrufs das Privileg zum Zertifikat-Rückruf besitzt.

5 Gültigkeitsmodelle

Ein Gültigkeitsmodell legt fest, welche Bedingungen die Gültigkeitszeiträume der Zertifikate einer Zertifikations- bzw. einer Delegationskette erfüllen müssen, damit die Kette insgesamt gültig ist. Dieses Kapitel beschreibt das Schalenmodell, das modifizierte Schalenmodell und das Kettenmodell. Es wird eine Schwäche des Kettenmodells vorgestellt. Am Ende des Kapitels steht eine Zusammenfassung als Grundlage für die AAI-Modellierung.

5.1 Schalenmodell

Das Schalenmodell basiert auf folgendem Prinzip: Eine Zertifikations- bzw. Delegationskette ist zum Zeitpunkt t gültig, wenn alle enthaltenen Zertifikate zum Zeitpunkt t gültig sind. Gegeben ist eine Zertifikations- oder Delegationskette $\langle z_1, \ldots, z_n \rangle$ mit n Zertifikaten. Jedes Zertifikat z_i schafft die Grundlage für die Anwendung des Zertifikats z_{i+1} ($1 \leq i < n$). Im Folgenden bezeichnet $begin(z)$ den Gültigkeitsbeginn und $end(z)$ das Gültigkeitsende des Zertifikats z. Die Kette $\langle z_1, \ldots, z_n \rangle$ ist nach dem Schalenmodell zum Zeitpunkt t gültig[1], wenn für alle z_i mit $1 \leq i \leq n$ gilt:

$$begin(z_i) \leq t < end(z_i)$$

In Abbildung 5.1 sind die Gültigkeitszeiträume von drei Zertifikaten einer Zertifikations- bzw. Delegationskette dargestellt. Die Kette ist gültig, wenn alle drei Zertifikate gleichzeitig gelten. Das Schalenmodell wird in der X.509 Standardisierungsempfehlung [20] verwendet. Somit setzen alle von X.509 abgeleiteten Standards (X.509 Profile) das Schalenmodell ein. Es ist das in der internationalen Praxis am weitesten verbreitete Gültigkeitsmodell (vgl. [62]).

5.2 Modifiziertes Schalenmodell

Das modifizierte Schalenmodell entspricht dem Schalenmodell mit einer Besonderheit für die Prüfung von digitalen Signaturen. Es wird zwischen drei Zeitpunkten unterschieden:

Signaturzeitpunkt t_{sign}: Der Zeitpunkt, an dem die digitale Signatur erstellt wird.

Prüfzeitpunkt t_{verify}: Der Zeitpunkt, an dem die Gültigkeitsprüfung durchgeführt wird.

---

[1] Der Begriff „gültig" bezieht sich auf die zeitliche Gültigkeitsdauer der Zertifikations- bzw. Delegationskette. Die Prüfung der digitalen Signatur der Zertifikate und das Vertrauen in die Aussteller von Zertifikaten wird bei dieser Beschreibung vernachlässigt. Im Mittelpunkt steht eine Aussage über den Zusammenhang der Gültigkeitsdauern. Das AAI-Modell (Kapitel 7) umfasst die Modellierung der hier vernachlässigten Aspekte.

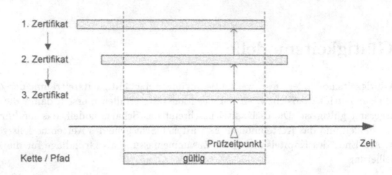

Abbildung 5.1: Gültigkeit nach dem Schalenmodell

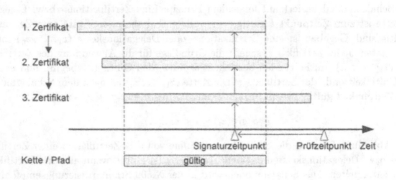

Abbildung 5.2: Gültigkeit nach dem modifizierten Schalenmodell

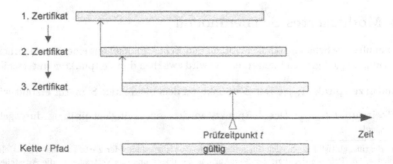

Abbildung 5.3: Gültigkeit nach dem Kettenmodell

Bezugszeitpunkt t: Der Zeitpunkt, für den festgestellt wird, ob die Zertifikations-
bzw. die Delegationskette gilt.

Beim Schalenmodell ist der Bezugszeitpunkt t grundsätzlich gleich dem Prüfzeitpunkt
t_{verify}. Nach dem modifizierten Schalenmodell wird bei der Prüfung einer digitalen Signatur der Bezugszeitpunkt t gleich dem Signaturzeitpunkt t_{sign} gesetzt:

$$t = \begin{cases} t_{sign} & \text{falls eine digitale Signatur geprüft wird} \\ t_{verify} & \text{sonst} \end{cases}$$

Dies hat zur Folge, dass digitale Signaturen auch nach Ablauf der Gültigkeit der Zertifikationskette (nach dem Schalenmodell) positiv überprüft werden können. Ein Beispiel
für diese Situation ist in Abbildung 5.2 dargestellt. Das Prüfkriterium gleicht dem Kriterium des Schalenmodells. Die Zertifikations- oder Delegationskette $\langle z_1, \ldots, z_n \rangle$ ist nach
dem modifizierten Schalenmodell zum Bezugszeitpunkt t gültig, wenn für alle z_i mit
$1 \leq i \leq n$ gilt:

$$begin(z_i) \leq t < end(z_i)$$

5.3 Kettenmodell

Das Kettenmodell geht von folgender Gültigkeitsregel aus: Eine Zertifikations- bzw. Delegationskette ist gültig, wenn jedes Zertifikat während der Gültigkeitsdauer des übergeordneten Zertifikats ausgestellt wurde. Die Abbildung 5.3 zeigt ein Beispiel hierzu. Zur
Prüfung von digitalen Signaturen wird als Bezugszeitpunkt t der Prüfzeitpunkt t_{verify}
verwendet:

$$t = t_{verify}$$

Die Zertifikations- bzw. Delegationskette $\langle z_1, \ldots, z_n \rangle$ ist nach dem Kettenmodell zum
Bezugszeitpunkt t gültig, wenn für alle z_i mit $1 < i \leq n$ gilt:

$$\begin{aligned} & begin(z_{i-1}) \leq begin(z_i) < end(z_{i-1}) \\ & \text{und} \quad\quad\quad\quad\quad\quad\quad\quad\quad\quad\quad\quad\quad\quad\quad\quad\quad (5.1) \\ & begin(z_n) \leq t < end(z_n) \end{aligned}$$

Das Kettenmodell wird in der Spezifikation „SigI" [6] des Bundesamtes für Sicherheit
in der Informationstechnik (BSI) verwendet, welche die technischen Richtlinien für das
deutsche Signaturgesetz festlegt.

5.4 Schwäche des Kettenmodells

Das Kettenmodell hat eine Schwachstelle im Zusammenhang mit dem Rückruf von
Public-Key-Zertifikaten. Um den Angriff auf das Kettenmodell zu erklären, wird von
einer Public-Key-Zertifikationskette mit zwei Zertifikaten ausgegangen. Zur Beschreibung kommen die PKI-Aussagen nach Maurer aus Definition 2.1 zum Einsatz. Alice

hält den Schlüssel px für den authentischen öffentlichen Schlüssel von x. Weiterhin wird angenommen, dass Alice beiden Zertifikat-Ausstellern vertraut:

$$
\begin{aligned}
Kette &= \{Aut(x, px), Cert(x, px, y, py), Cert(y, py, z, pz)\} \\
Vertrauen &= \{Trust(x, 1), Trust(y, 1)\} \\
View &= Kette \cup Vertrauen
\end{aligned}
$$

Die Gültigkeitsdauern der beiden Zertifikate werden wie folgt bezeichnet:

$$
\begin{aligned}
begin(Cert(x, px, y, py)) &= b_1, \\
end(Cert(x, px, y, py)) &= e_1, \quad \text{mit } b_1 < e_1 \\
begin(Cert(y, py, z, pz)) &= b_2, \\
end(Cert(y, py, z, pz)) &= e_2, \quad \text{mit } b_2 < e_2
\end{aligned}
$$

Es kommt das Kettenmodell zum Einsatz. Für die Gültigkeitsdauern der beiden Zertifikate bedeutet dies, dass folgende Ordnung gelten muss, damit die Public-Key-Zertifikationskette zum Zeitpunkt t gilt. Diese Situation ist in Abbildung 5.4 dargestellt:

$$
b_1 \leq b_2 < e_1 \quad \text{und} \quad b_2 \leq t < e_2
$$

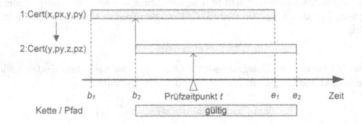

Abbildung 5.4: Ausgangssituation für einen Angriff auf das Kettenmodell

Angenommen, es wird zum Zeitpunkt r mit $b_1 < r < e_1$ ein Rückruf für das Zertifikat $Cert(x, px, y, py)$ ausgestellt, weil dem Angreifer m der zu py gehörende private Schlüssel sy zum Zeitpunkt k (Kompromittierung) bekannt wurde. Der Angreifer m kann nun mit Hilfe des privaten Schlüssels sy digitale Signaturen von y fälschen. Er nutzt dies aus und erstellt das gefälschte Zertifikat $Cert(y, py, z, pm)$.

Damit bescheinigt er dem Teilnehmer z einen öffentlichen Schlüssel pm, zu dem er selbst den privaten Schlüssel sm kennt. Entscheidend ist, dass der Angreifer den Gültig-keitsbeginn des gefälschten Zertifikats vor den Rückrufzeitpunkt r und nach den Gültig-keitsbeginn b_1 des rückgerufenen Zertifikats setzt. Dies ist dem Angreifer möglich, denn der Gültigkeitsbeginn ist ein Bestandteil des Datenfelds „Gültigkeitsdauer" des Zertifi-

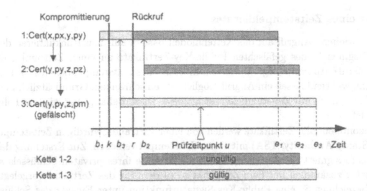

Abbildung 5.5: Die Zertifikationskette mit dem gefälschten Zertifikat wird als gültig bewertet

kats (vgl. X.509 Zertifikate in Abschnitt 2.8.2 und 3.8.1). Das Gültigkeitsende e_3 kann er beliebig weit in die Zukunft legen (vgl. Abbildung 5.5):

$$begin(Cert(y, py, z, pm)) = b_3, \text{ mit } b_1 \leq b_3 < r$$
$$end(Cert(y, py, z, pm)) = e_3, \text{ mit } b_3 < e_3$$

Nach der Gültigkeitsregel (5.1) des Kettenmodells gilt zum Zeitpunkt u mit $b_3 \leq u < e_3$ (während der Gültigkeitsdauer des gefälschten Zertifikats) die folgende Zertifikationskette:

$$Kette_u = \{Aut(x, px), Cert(x, px, y, py), Cert(y, py, z, pm)\}$$
$$View_u = Kette_u \cup Vertrauen$$

Unter Anwendung der Regeln (PKI1) - (PKI4) des Maurerschen PKI-Modells lässt sich daraus ableiten, dass dem Teilnehmer z der öffentliche Schlüssel pm gehört:

$$Aut(z, pm) \in \overline{View_u}$$

Beweis.

$$Aut(x, px), \ Trust(x, 1), \ Cert(x, px, y, py) \ \vdash \ Aut(y, py)$$
$$Aut(y, py), \ Trust(y, 1), \ Cert(y, py, z, pm) \ \vdash \ Aut(z, pm)$$

$$\square$$

Der Angreifer kennt dazu den privaten Schlüssel sm und kann ihn missbrauchen (vgl. Angriff auf eine Verschlüsselung, Beispiel 2.1, und Angriff auf eine digitale Signatur, Beispiel 2.2).

Einsatz eines Zeitstempeldienstes

Der beschriebene Angriff auf das Kettenmodell basiert auf dem Rückdatieren des Gültigkeitsbeginns b_3 des gefälschten Public-Key-Zertifikats an einen Zeitpunkt, der vor dem Rückrufzeitpunkt r liegt. Durch den Einsatz eines Zeitstempeldienstes lässt sich der Zeitraum, währenddessen ein Angriff möglich ist, einschränken. Grundsätzlich bleibt ein Angriff aber auch mit Zeitstempeldienst möglich. Diese Behauptung wird im Folgenden begründet.

Angenommen, alle Zertifikate werden von einer vertrauenswürdigen Zeitstempelstelle (Time Stamp Authority, TSA) mit einem Zeitstempel versehen. Zur Erstellung des Zeitstempels ts signiert die Zeitstempelstelle w mit Hilfe ihres privaten Schlüssels sw das Zertifikat z zusammen mit dem Zeitpunkt v, zu dem ihr das Zertifikat vorgelegt wird. Dabei bezeichnet S_s eine Public-Key-Signaturfunktion unter Einsatz des Schlüssels s. Außerdem bezeichnet h eine Hashfunktion:

$$ts = S_{sw}(h(z, v))$$

Der Zeitstempel ts wird zusammen mit dem Zertifikat z, dem Zeitpunkt v und dem Namen w der Zeitstempelstelle zu Alice übertragen. Alice verifiziert die digitale Signatur des Zeitstempels ts. Dazu benötigt sie den authentischen öffentlichen Schlüssel pw der Zeitstempelstelle. Außerdem muss Alice der Zeitstempelstelle w vertrauen, dass sie die korrekte Zeit bescheinigt. Weiterhin überprüft sie, ob der Zeitpunkt v, an dem das Zertifikat bei der Zeitstempelstelle vorgelegt wurde, kleiner oder gleich dem Gültigkeitsbeginn des Zertifikats ist:

$$v \leq begin(z)$$

Der Zeitpunkt v des Zeitstempels gibt somit eine Untergrenze für den Gültigkeitsbeginn des Zertifikats vor. Der Angreifer m kann den Gültigkeitsbeginn eines gefälschten Zertifikats nicht vor den Zeitpunkt k der Kompromittierung des privaten Schlüssels sy legen, ohne dass dies erkannt wird. Erst ab der Kompromittierung steht dem Angreifer der private Schlüssel sy zur Verfügung. Der Zeitpunkt r des Rückrufs ist frühestens gleichzeitig zum Zeitpunkt k der Kompromittierung ($k \leq r$). In der Realität wird meist $k < r$ zutreffen. Das bedeutet, dass der Rückruf des Zertifikats mit einer Verzögerung nach dem Kompromittierungsereignis ausgestellt wird. Gelingt es dem Angreifer

1. den Gültigkeitsbeginn b_3 des gefälschten Zertifikats in den Zeitraum zwischen k und r zu legen und

2. einen Zeitstempel zum Zeitpunkt $v \leq b_3$ während dieses Zeitraums zu erhalten[2],

ist der Angriff trotz des Zeitstempeldienstes erfolgreich ($k \leq v \leq b_3 < r$). Der Angreifer nutzt die Zeitspanne zwischen Kompromittierung und Rückruf. Er kann ein gefälschtes Zertifikat mit langer Gültigkeitsdauer ausstellen. Die Zertifikationskette mit diesem gefälschten Zertifikat bleibt nach dem Kettenmodell trotz des Rückrufs gültig. Beim

---

[2]Dies ist auch möglich, falls der Zeitstempeldienst den anfragenden Benutzer authentifiziert. Der Angreifer kann sich mit Hilfe von sy als Benutzer y ausgeben.

Schalenmodell hingegen verliert die Zertifikationskette mit dem gefälschten Zertifikat zum Zeitpunkt r die Gültigkeit.

Es bleibt zu bemerken, dass der Rückrufzeitpunkt r nicht rückdatiert werden darf (z. B. auf den Zeitpunkt der (vermuteten) Kompromittierung). Wäre das erlaubt, könnte ein Benutzer einen Rückruf veranlassen, um sich z. B. der Verantwortung für eine digitale Signatur zu entziehen.

Der Einsatz einer Zeitstempelstelle erschwert den Angriff auf das Kettenmodell. Der Zeitraum, währenddessen ein Angriff möglich ist, wird begrenzt. Dieser Ansatz bringt aber einige Nachteile mit sich:

Authentifizierung des Schlüssels pw: Alice benötigt zur Prüfung des Zeitstempels den authentischen öffentlichen Schlüssel pw der Zeitstempelstelle. Wird dieser mit Hilfe einer Public-Key-Zertifikationskette zertifiziert, kommt bei der Prüfung der Kette konsequenterweise auch das Kettenmodell zum Einsatz. Somit ist hier wieder der Angriff auf das Kettenmodell möglich. Das Problem verschiebt sich auf die Authentifizierung des öffentlichen Schlüssels der Zeitstempelstelle.

Zweifaches Vertrauen: Alice muss der Zertifizierungsstelle vertrauen, dass sie korrekte öffentliche Schlüssel zertifiziert (vgl. Abschnitt 2.7). Bei diesem Ansatz muss Alice zusätzlich der Zeitstempelstelle vertrauen, dass sie die korrekte Zeit bescheinigt. Umso mehr Stellen Alice vertrauen muss, desto größer ist das Risiko, dass Alices Vertrauen enttäuscht wird. Nicht nur die Zertifizierungsstelle könnte trotz Vertrauens einen Fehler begehen, sondern auch die Zeitstempelstelle.

Höherer Aufwand: Das Erstellen von Zertifikaten mit Zeitstempel und die Prüfung von Zertifikations- oder Delegationsketten ist aufwändiger.

5.5 Ergebnisse für die AAI-Modellierung

Die folgenden zwei Ergebnisse der Untersuchung von Gültigkeitsmodellen sind eine Grundlage für die AAI-Modellierung.

Schalenmodell verwenden: Das Kettenmodell ohne Zeitstempelprüfung ist angreifbar. Das Kettenmodell mit Zeitstempelprüfung verringert zwar die Angriffsmöglichkeit, beseitigt sie aber nicht vollständig. Das Schalenmodell wird in der Praxis am häufigsten eingesetzt. Es kann ohne Zeitstempeldienst verwendet werden. Aus diesen Gründen ist das Schalenmodell dem Kettenmodell vorzuziehen.

Bezugszeitpunkt: Bei der Prüfung von digitalen Signaturen kann als Bezugszeitpunkt der Zeitpunkt der Signaturerstellung herangezogen werden (modifiziertes Schalenmodell).

6 Zertifikations- und Delegationsketten

Dieses Kapitel stellt die Ergebnisse einer Untersuchung von Zertifikations- und Delegationsketten vor. Ein zentrales Ergebnis ist die Einordnung von Vertrauen für das Ausstellen von Zertifikaten als Privileg. Davon ausgehend werden die Wechselbeziehungen von Zertifikations- und Delegationsketten dargestellt. Die präsentierten Ergebnisse gehen in die AAI-Modellierung ein.

6.1 Zertifikation von Attributen

Öffentliche Schlüssel können als deskriptives Attribut angesehen werden. Diese Sichtweise ermöglicht eine einheitliche Behandlung der in einer AAI zertifizierten Attribute. Im Mittelpunkt steht das Attribut, das durch ein Zertifikat vergeben wird. Das bescheinigte Attribut ist entweder ein deskriptives Attribut oder ein Privileg (vgl. Abschnitt 3.5). Ein öffentlicher Schlüssel ist somit ein spezielles deskriptives Attribut. Deskriptive Attribute sind charakterisiert durch einen *Attributtyp* und einen *Attributwert* (vgl. Abbildung 6.1). Privilegien lassen sich charakterisieren durch einen *Privilegientyp* und durch die *Delegationsstufe* des Privilegs. Die Tabellen 6.1 und 6.2 nennen einige Beispiele hierzu.

6.2 Delegationsketten und Vertrauen

Das Vertrauen in den Aussteller eines Zertifikats für ein deskriptives Attribut ist eine Voraussetzung für die Akzeptanz des Zertifikats (z. B. Vertrauen in den Aussteller eines Public-Key-Zertifikats, vgl. Abschnitt 2.7). Dem Aussteller eines Zertifikats für ein Privileg muss *nicht* vertraut werden. Er hat keine Möglichkeit, ein falsches Privileg zu bescheinigen. Am Beginn jeder Delegationskette bescheinigt Alice der Source of Authority (SOA) durch ein selbstsigniertes Zertifikat ein Privileg eines bestimmten Typs p mit einer Delegationsstufe i (vgl. Abschnitt 3.7.2). Die SOA kann auf dieser Grundlage nur Privilegien des Typs p und nicht Privilegien eines anderen Typs q durch ein Zer-

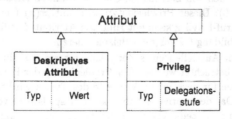

Abbildung 6.1: Attribute sind entweder deskriptive Attribute oder Privilegien

Attributtyp	Attributwert
Öffentlicher Schlüssel	pb
Augenfarbe	Braun
Fahrschein	Strecke s
Gruppenmitglied	Administratoren
Biometrisches Referenzmuster	Muster m

Tabelle 6.1: Beispiele für deskriptive Attribute

Privilegientyp	Delegationsstufe
Kontozugriff auf Konto u	2
Datei v lesen	3
Gebäude w betreten	1
Zertifikate des Ausstellers x zurückrufen	2
Zertifikate des Attributtyps t ausstellen	1

Tabelle 6.2: Beispiele für Privilegien

tifikat weiterreichen. Ein Delegationspfad enthält ausschließlich Zertifikate des gleichen Privilegientyps p. Dies wird bei der Prüfung der Delegationskette beachtet. Die Länge der Delegationskette, die auf diese Weise entsteht, ist durch die Delegationsstufe i des Privilegs beschränkt.

Im Gegensatz hierzu wird in einer Public-Key-Zertifikationskette durch jedes einzelne Public-Key-Zertifikat ein anderer öffentlicher Schlüssel zertifiziert. Jeder Zertifikat-Aussteller legt den öffentlichen Schlüssel im Zertifikat selbst fest. Dies gilt auch für die Zertifikation anderer deskriptiver Attribute. Übertragen auf die Zertifikation von Attributen folgt daraus, dass Alice den Ausstellern von Zertifikaten für deskriptive Attribute *vertrauen* muss, den Ausstellern von Zertifikaten für Privilegien muss Alice *nicht vertrauen*.

6.3 Vertrauen als Privileg

Ein Ergebnis der Untersuchung von Zertifikat-Rückrufen liegt in der Tatsache, dass das Recht zum Rückrufen von Zertifikaten eines bestimmten Ausstellers x ein Privileg ist (vgl. Abschnitt 4.8). Dieser Privilegientyp wird mit $cr(x)$ (certificate revocation) bezeichnet. Das Rückruf-Privileg kann mit Hilfe von Attribut-Zertifikaten vergeben und delegiert werden. Abbildung 6.2 zeigt ein Beispiel hierzu.

Das Vertrauen zum Ausstellen eines Zertifikats für ein deskriptives Attribut kann ebenfalls als Privileg betrachtet werden. Der Privilegientyp der Berechtigung zum Ausstellen von Zertifikaten für deskriptive Attribute des Typs t wird mit $ci(t)$ (certificate issuing) bezeichnet. Das deskriptive Attribut kann beispielsweise vom Typ öffentlicher Schlüssel (Bezeichnung: κ) sein. Vertrauen im Sinne von Abschnitt 2.7 (Vertrauensmodelle) kann auf diese Weise als Privileg zum Ausstellen von Zertifikaten für den Attributtyp κ vergeben und delegiert werden. In Abbildung 6.3 ist ein Beispiel hierfür

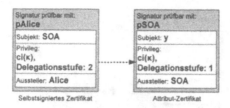

Abbildung 6.2: Delegation des Privilegs zum Rückruf von Zertifikaten desAusstellers x

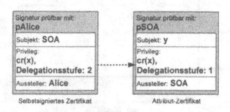

Abbildung 6.3: Delegation des Privilegs zum Ausstellen von Zertifikaten für deskriptive Attribute des Typs κ (öffentlicher Schlüssel)

dargestellt. Die Zertifikation des Privilegientyps $ci(\kappa)$ durch das selbstsignierte Zertifikat entspricht dem Vertrauen

$$Trust(SOA, 2)$$

im Sinne des Maurerschen PKI-Modells (vgl. Abschnitt 2.9). Die Delegation dieses Privilegs durch das Attribut-Zertifikat in Abbildung 6.3 entspricht der Empfehlung:

$$Rec(SOA, pSOA, y, 1)$$

6.4 Zusammenspiel von Zertifikations- und Delegationsketten

Aus den Ergebnissen der drei letzten Abschnitte 6.1 - 6.3 folgt eine wechselseitige Abhängigkeit von Zertifikations- und Delegationsketten einer AAI. Public-Key-Zertifikationsketten belegen die Authentizität von öffentlichen Schlüsseln. Dies ist eine Voraussetzung für die Überprüfung der Zertifikate einer Delegationskette. Delegationsketten können verwendet werden, um das Privileg zum Ausstellen von Zertifikaten für deskriptive Attribute zu vergeben. Insbesondere belegen sie das Privileg zum Ausstellen von Zertifikaten für den Attributtyp öffentlicher Schlüssel (Vertrauen). Dies ist eine Voraussetzung für die Akzeptanz der Zertifikate einer Public-Key-Zertifikationskette. Das folgende Beispiel 6.1 verdeutlicht diesen Zusammenhang.

Beispiel 6.1 (Zertifikation eines biometrischen Referenzmusters). Die Bindung des Benutzers b an sein biometrisches Referenzmuster m soll sichergestellt werden. Auf Grundlage dieser Bindung kann ein biometrisches Verfahren zur Authentifizierung von b an-

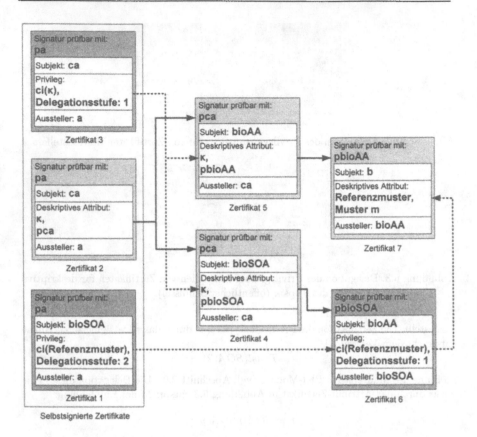

Abbildung 6.4: Wechselbeziehungen von Zertifikations- und Delegationsketten

gewandt werden. Die Zertifikate der AAI aus der Perspektive des Benutzers Alice (bezeichnet mit a) sind in Abbildung 6.4 dargestellt.

Zertifikate (1) - (3): Diese Zertifikate sind von a selbst signiert. Das Zertifikat (1) legt als SOA des Privilegs zum Zertifikat-Ausstellen für Attribute des Typs Referenzmuster den Teilnehmer $bioSOA$ fest. Analog dazu bestimmt Zertifikat (3) als SOA zur Zertifikation von Attributen des Typs öffentlicher Schlüssel den Teilnehmer ca. Durch Zertifikat (2) bescheinigt a dem Teilnehmer ca den authentischen öffentlichen Schlüssel pca.

Zertifikat (4): Dieses Zertifikat bindet das deskriptive Attribut des Typs öffentlicher Schlüssel mit dem Wert $pbioSOA$ an den Teilnehmer $bioSOA$. Es wurde von ca ausgestellt. Alice akzeptiert dieses Zertifikat, weil sich die Signatur mit Hilfe des von ihr als authentisch angesehenen (wegen Zertifikat (2)) öffentlichen Schlüssels *pca* überprüfen lässt und weil der Aussteller *ca* das Privileg zum Ausstellen von Zertifikaten für den Attributtyp öffentlicher Schlüssel besitzt (wegen Zertifikat (3)).

Zertifikat (5): Wie Zertifikat (4). Es wird dem Teilnehmer *bioAA* der öffentliche Schlüssel *pbioAA* zertifiziert.

Zertifikat (6): Dieses Zertifikat delegiert das Recht zum Ausstellen von Zertifikaten für Referenzmuster an den Teilnehmer *bioAA*. Der Aussteller *bioSOA* besitzt das passende Privileg mit der ausreichenden Delegationsstufe 2 (wegen Zertifikat (1)). Die digitale Signatur lässt sich mit Hilfe des authentischen (wegen Zertifikat (4)) öffentlichen Schlüssels *pbioSOA* prüfen.

Zertifikat (7): Dem Benutzer *b* wird durch den Teilnehmer *bioAA* das deskriptive Attribut des Typs Referenzmuster mit dem Wert *m* bescheinigt. Die *bioAA* hat das passende Privileg mit ausreichender Delegationsstufe 1 dazu (wegen Zertifikat (6)). Außerdem lässt sich die Signatur des Zertifikats mit Hilfe des authentischen (wegen Zertifikat (5)) öffentlichen Schlüssels *pbioAA* überprüfen.

7 Formales AAI-Modell

Dieses Kapitel stellt ein formales AAI-Modell vor, das Public-Key- und Attribut-Zertifikate, Rückruf und Gültigkeitsdauer von Zertifikaten und die Authentifizierung von Attributen umfasst. Zur graphischen Darstellung der Zertifikate und der Zertifikat-Rückrufe einer AAI wird ein Zertifikationsgraph präsentiert.

7.1 Temporale Logik

Zeitliche Aspekte wie Rückruf und Gültigkeitsdauer von Zertifikaten spielen in einer AAI eine zentrale Rolle. Aus diesem Grund ist das AAI-Modell als temporale Logik realisiert. Die Arbeit [14] beschreibt den Begriff der temporalen Logik wie folgt:

> The term Temporal Logic has been broadly used to cover all approaches to the representation of temporal information within a logical framework [...]

Zur Realisierung einer temporalen Logik können zwei verschiedene Ansätze verfolgt werden:

Modallogische Ansätze: Als Beispiel für einen modallogischen Ansatz sei Priors Tense Logic [51, 52, 53] genannt. Hierbei wird die Prädikatenlogik um vier modale Operatoren erweitert. Beispielsweise hat der Operator P (Past) die Bedeutung *„It has at some time been the case that ..."*. Der Operator F (Future) steht für *„It will at some time be the case that ..."*. Auf dieser Grundlage lassen sich Aussagen mit zeitlichen Informationen formal darstellen. Zum Beispiel hat die Formel

$$\exists x \, [Philosopher(x) \, \wedge \, F \, King(x)]$$

die Bedeutung: *„Someone who is now a philosopher will be a king at some future time"*. Die angeführten Beispiele stammen aus [14].

Prädikatenlogische Ansätze: Diese Ansätze verwenden die Prädikatenlogik ohne Erweiterungen. Die zeitliche Information wird als Argument der Prädikatsymbole erfasst. Zum Beispiel:

$$Kill(\text{brutus, caesar, 44bc})$$

Verschiedene prädikatenlogische Ansätze unterscheiden sich durch die Wahl der Repräsentation für zeitliche Informationen. Der Situationskalkül von McCarthy und Hayes [39] verwendet zu diesem Zweck Situationen. Ausgehend von einer Ausgangssituation entsteht durch eine Aktion eine neue Situation. Der Ereigniskalkül von Kowalski und Sergot [32] arbeitet stattdessen mit Zeitpunkten und Ereignissen. Beide Ansätze stammen aus dem Bereich des *Spatial and Temporal Reasoning*, ein Forschungsgebiet der Künstlichen Intelligenz (KI). Eine Übersicht bieten [55, S. 397ff] und [61].

Zur Modellierung einer AAI verwendet die vorliegende Arbeit einen prädikatenlogischen Ansatz, motiviert durch den vereinfachten Ereigniskalkül von Shanahan [57, 58]. Für diese Entscheidung gibt es drei Gründe:

- Ein Ziel der Arbeit ist die Implementierung des AAI-Modells als Software. Es bietet sich an, zu diesem Zweck existierende Ansätze aus dem Bereich der KI (Automated Theorem Proving) zu verwenden. Für den Ereigniskalkül existieren PROLOG-Realisierungen [7, 59], die als Vorbild für die Implementierung des AAI-Modells dienen.

- Die Prädikatenlogik ist weiter verbreitet als die Modallogik. Ein prädikatenlogischer Ansatz bietet Vorteile im Hinblick auf die Praxistauglichkeit des Modells.

- Der Ereigniskalkül arbeitet mit konkreten Zeitpunkten und nicht mit abstrakten Situationen. Dies passt zu der Tatsache, dass die Gültigkeitsdauer von Zertifikaten durch zwei Zeitpunkte (Gültigkeitsbeginn und Gültigkeitsende) benannt wird. Der Einsatz von Zeitpunkten unterstützt ebenfalls die Praxistauglichkeit des Modells.

7.2 Begriffe der Prädikatenlogik und der Logikprogrammierung

Das AAI-Modell ist in der Prädikatenlogik erster Stufe mit Gleichheit formuliert.[1] In diesem Abschnitt sind die Definitionen einiger Grundbegriffe der Prädikatenlogik angegeben. Außerdem setzt das Modell die Transformationsregel der Vervollständigung aus dem Bereich der Logikprogrammierung ein. Im Folgenden werden auch Grundbegriffe hierzu vorgestellt.

7.2.1 Prädikatenlogik erster Stufe

Eine *Sprache* der Prädikatenlogik besteht aus Variablen, Konstanten, Junktoren ($\neg, \wedge, \vee, \rightarrow, \leftrightarrow$), Quantoren ($\forall, \exists$), Prädikatsymbolen und Funktionssymbolen. In der prädikatenlogischen Sprache des AAI-Modells sind *Funktionssymbole*, *Konstanten* und *Variablen* klein geschrieben. Variablen sind kursiv gedruckt: $a, pa, b, \ldots$ Konstanten werden wie folgt dargestellt: a, pa, b, ... Außerdem werden die üblichen Zeichen der reellen und natürlichen Zahlen und die Zeichen κ und λ als Konstanten verwendet. Die Funktions- und Prädikatsymbole des AAI-Modells werden in Abschnitt 7.3 definiert. Die Tabelle 7.1 auf Seite 81 bietet einen Überlick über diese Symbole. Die folgenden Definitionen stammen aus [48] und [56].

Definition 7.1 (Term). Der Begriff *Term* wird durch einen induktiven Prozess definiert:

1. Jede Variable ist ein Term.

2. Jede Konstante ist ein Term.

---

[1]Eine Einführung in die Prädikatenlogik bieten beispielsweise Nerode und Shore [48].

3. Falls f ein Funktionssymbol mit Stelligkeit n ist, und falls $t_1, \ldots, t_n$ Terme sind, so ist auch $f(t_1, \ldots, t_n)$ ein Term.

Definition 7.2 (Variablenfreier Term). Terme ohne Variablen werden als *variablenfreie Terme* oder als *Grundterme* bezeichnet.

Definition 7.3 (Formel, atomare Formel, Teilformel). Der Begriff *Formel* wird ebenfalls durch einen induktiven Prozess definiert:

1. Falls P ein Prädikatsymbol der Stelligkeit n ist, und falls $t_1, \ldots, t_n$ Terme sind, dann ist $P(t_1, \ldots, t_n)$ eine Formel.

2. Für jede Formel F ist auch $\neg F$ eine Formel.

3. Für alle Formeln F und G sind auch $(F \wedge G)$, $(F \vee G)$, $(F \rightarrow G)$ und $(F \leftrightarrow G)$ Formeln.

4. Falls x eine Variable ist und F eine Formel, so sind auch $\exists x F$ und $\forall x F$ Formeln.

Atomare Formeln oder *Atome* sind genau die Formeln, die gemäß Punkt 1 aufgebaut sind. Falls F eine Formel ist und F als Teil einer Formel G auftritt, so heißt F *Teilformel* von G.

Die Formel $(F \rightarrow G)$ wird im Folgenden auch als $(G \leftarrow F)$ geschrieben. Die Schreibweise $\forall x_1, \ldots, x_n$ ist eine Abkürzung für $\forall x_1 \forall x_2 \ldots \forall x_n$. Genauso ist $\exists x_1, \ldots, x_n$ eine Abkürzung für $\exists x_1 \exists x_2 \ldots \exists x_n$.

Definition 7.4 (Freie und gebundene Variable). Das Vorkommen einer Variablen x in der Formel F heißt *gebunden*, falls x in einer Teilformel von F der Form $\exists x G$ oder $\forall x G$ vorkommt. Andernfalls heißt dieses Vorkommen von x *frei*.

Definition 7.5 (Instanziierung). Falls F eine Formel und x eine Variable ist, so schreibt man $F(x)$ um auszudrücken, dass x in F frei vorkommt. Wenn t ein Term ist, so steht $F(t)$ für die Formel, die sich ergibt, indem man in F alle freien Vorkommen von x durch t ersetzt.

Definition 7.6 (Satz). Ein *Satz* der Prädikatenlogik ist eine Formel, in der keine Variable frei vorkommt. Das bedeutet, dass alle Vorkommen einer Variablen eines Satzes gebunden sind.

Definition 7.7 (Universeller Abschluss). Sei F eine Formel mit freien Variablen $x_1, \ldots x_n$. Der *universelle Abschluss* von F, geschrieben als $\forall(F)$, ist der Satz $\forall x_1, \ldots, x_n(F)$.

Definition 7.8 (Struktur). Eine *Struktur* für eine Sprache $\mathcal{L}$ ist ein Paar $S = \langle U, I \rangle$, wobei U eine nicht-leere Menge ist, die *Universum* von S genannt wird. Ferner ist I eine Abbildung, die jedem Symbol aus $\mathcal{L}$ eine Interpretation wie folgt zuordnet:

- Jeder Konstante c aus $\mathcal{L}$ wird ein Element c^S aus U zugeordnet.

- Jedem n-stelligen Funktionssymbol f aus $\mathcal{L}$ wird eine n-stellige Funktion $f^S : U^n \longrightarrow U$ zugeordnet.

- Jedem n-stelligen Prädikatsymbol P aus $\mathcal{L}$ wird ein n-stelliges Prädikat (d. h. eine Relation) $P^S \subseteq U^n$ zugeordnet.

Definition 7.9 (Interpretation von Grundtermen). Die Interpretation von Grundtermen der Sprache $\mathcal{L}$ in einer Struktur $S = \langle U, I \rangle$ wird durch einen induktiven Prozess definiert:

1. Jeder konstante Term c benennt das Element c^S aus U.

2. Falls die Terme $t_1, \ldots, t_n$ aus $\mathcal{L}$ die Elemente $t_1{}^S, \ldots, t_n{}^S$ aus U benennen und f ein n-stelliges Funktionssymbol aus $\mathcal{L}$ ist, so benennt der Term $f(t_1, \ldots, t_n)$ das Element $f(t_1, \ldots, t_n)^S = f^S(t_1{}^S, \ldots, t_n{}^S)$ aus U.

Definition 7.10 (Wahrheitswert von Sätzen). Der Wahrheitswert eines Satzes F von $\mathcal{L}$ in einer Struktur $S = \langle U, I \rangle$, in der jedes $u \in U$ durch einen Grundterm von $\mathcal{L}$ benannt wird[2], wird durch einen induktiven Prozess definiert:

1. Für einen atomaren Satz $R(t_1, \ldots, t_n)$ gilt

$$S \models R(t_1, \ldots, t_n) \text{ gdw. } R^S(t_1{}^S, \ldots, t_n{}^S),$$

d. h. falls die Relation R^S über U^n, die R zugewiesen ist, für die Elemente gilt, die von den Termen $t_1, \ldots, t_n$ benannt werden. Nachdem $R(t_1, \ldots, t_n)$ ein Satz ist, sind alle t_i Grundterme.

2. $S \models \neg F$ gdw. es nicht der Fall ist, dass $S \models F$. (Alternative Schreibweise: $S \not\models F$)

3. $S \models (F \lor G)$ gdw. $S \models F$ oder $S \models G$.

4. $S \models (F \land G)$ gdw. $S \models F$ und $S \models G$.

5. $S \models (F \rightarrow G)$ gdw. $S \not\models F$ oder $S \models G$.

6. $S \models (F \leftrightarrow G)$ gdw. $(S \models F$ und $S \models G)$ oder $(S \not\models F$ und $S \not\models G)$.

7. $S \models \exists x F(x)$ gdw. für einen Grundterm t gilt $S \models F(t)$.

8. $S \models \forall x F(x)$ gdw. für alle Grundterme t gilt $S \models F(t)$.

Definition 7.11 (Logische Konsequenz). Gegeben ist eine Menge von Sätzen $\Sigma = \{F_1, \ldots\}$. F ist eine *logische Konsequenz* von Σ, geschrieben als $\Sigma \models F$, wenn F in jeder Struktur wahr ist, in der alle Elemente von Σ wahr sind.

Definition 7.12 (Modell). Eine Menge von Sätzen $\Sigma = \{F_1, \ldots\}$ ist *erfüllbar*, wenn eine Struktur S existiert, in der alle Elemente von Σ wahr sind. Eine solche Struktur wird als *Modell* von Σ bezeichnet. Wenn Σ kein Modell hat, ist Σ *unerfüllbar*.

---

[2]Jede Sprache $\mathcal{L}$ lässt sich durch zusätzliche Konstanten erweitern, so dass jedes Element aus U durch einen Grundterm benannt wird (vgl. [48, S. 96]).

Definition 7.13 (Herbrand-Universum, Herbrand-Struktur). Die Menge der Grundterme einer Sprache $\mathcal{L}$ wird das *Herbrand-Universum* von $\mathcal{L}$ genannt. Eine Struktur $S = \langle U, I \rangle$ für $\mathcal{L}$ ist eine *Herbrand-Struktur*, wenn das Universum U das Herbrand-Universum ist und für jedes Funktionssymbol f aus $\mathcal{L}$ und Elemente $t_1, \ldots, t_n$ aus U gilt:

$$f^S(t_1, \ldots, t_n) = f(t_1, \ldots, t_n)$$

(Dies beinhaltet: $c^S = c$ für jede Konstante c aus $\mathcal{L}$)

Beispiel 7.1. Angenommen, die Sprache $\mathcal{L}$ beinhaltet die Konstanten a und c, ein einstelliges Funktionssymbol f, ein zweistelliges Funktionssymbol g und die Prädikatsymbole P, Q, R. Das Herbrand-Universum hierzu ist:

$$\{a, c, f(a), f(c), g(a, c), f(f(a)), f(f(c)), f(g(a, c)), g(a, f(a)), g(a, f(c)),$$
$$\ldots, g(a, g(a, c)), \ldots, g(f(a), f(c)), \ldots, f(f(f(a))), \ldots\}$$

7.2.2 Gleichheit

Die Prädikatenlogik mit Gleichheit enthält das fest vorgegebene Prädikatsymbol „$=$". Die beabsichtigte Interpretation dieses Symbols ist die Gleichheitsrelation. Wie üblich wird es in Infixnotation geschrieben (z. B. $x = y$). Die folgenden Gleichheitsaxiome legen die Eigenschaften des Prädikatsymbols fest (vgl. [48, S. 188ff]). Die Schreibweise $x \neq y$ steht für $\neg(x = y)$.

Definition 7.14 (Gleichheitsaxiome).

$$x = x \qquad \text{(EQ1)}$$

$$x_1 = y_1 \wedge \ldots \wedge x_n = y_n \rightarrow f(x_1, \ldots, x_n) = f(y_1, \ldots, y_n) \qquad \text{(EQ2)}$$

für jedes n-stellige Funktionssymbol f aus $\mathcal{L}$.

$$x_1 = y_1 \wedge \ldots \wedge x_n = y_n \rightarrow (P(x_1, \ldots, x_n) \rightarrow P(y_1, \ldots, y_n)) \qquad \text{(EQ3)}$$

für jedes n-stellige Prädikatsymbol P aus $\mathcal{L}$ (inklusive des Prädikatsymbols $=$).

7.2.3 Logikprogrammierung

Zur Beschreibung des AAI-Modells und des PROLOG-Programms in Kapitel 8 werden einige Begriffe der Logikprogrammierung verwendet. Dieser Abschnitt gibt einen Überblick über diese Grundbegriffe. Die folgenden Definitionen stammen aus [33].

Definition 7.15 (Literal). Ein *Literal* ist eine atomare Formel oder die Negation einer atomaren Formel. Ein *positives Literal* ist eine atomare Formel. Ein *negatives Literal* ist die Negation einer atomaren Formel.

Definition 7.16 (Klausel). Eine *Klausel* ist eine Formel der Form

$$\forall x_1, \ldots, x_s (L_1 \vee \ldots \vee L_m)$$

wobei jedes L_i ein Literal ist und $x_1, \ldots, x_s$ alle Variablen darstellen, die in $L_1 \vee \ldots \vee L_m$ vorkommen.

Es ist üblich, für Klauseln eine spezielle *Klausel-Notation* zu verwenden. Gegeben ist eine Klausel

$$\forall x_1, \ldots, x_s (A_1 \vee \ldots \vee A_k \vee \neg B_1 \vee \ldots \vee \neg B_n)$$

wobei $A_1, \ldots, A_k, B_1, \ldots, B_n$ Atome sind und $x_1, \ldots, x_s$ alle Variablen darstellen, die in diesen Atomen vorkommen. Diese Klausel wird in Klausel-Notation wie folgt geschrieben:

$$A_1, \ldots, A_k \leftarrow B_1, \ldots, B_n$$

Diese Schreibweise enthält implizit, dass alle vorkommenden Variablen universell quantifiziert sind. Die Kommas im Bedingungteil $B_1, \ldots, B_n$ stehen für die Konjunktion. Die Kommas im Konsequenzteil stehen für die Disjunktion. Die Klausel-Notation basiert auf der Äquivalenz der beiden Formeln:

$$\forall x_1, \ldots, x_s (A_1 \vee \ldots \vee A_k \vee \neg B_1 \vee \ldots \vee \neg B_n)$$

ist äquivalent zu

$$\forall x_1, \ldots, x_s (A_1 \vee \ldots \vee A_k \leftarrow B_1 \wedge \ldots \wedge B_n)$$

Definition 7.17 (Definite Programmklausel). Eine *definite Programmklausel* ist eine Klausel der Form

$$A \leftarrow B_1, \ldots, B_n$$

die genau ein Atom A im Konsequenzteil enthält. A wird als *Kopf* der Programmklausel bezeichnet. $B_1, \ldots, B_n$ ist der *Körper* der Programmklausel, wobei jedes B_i ein Atom ist.

Definition 7.18 (Tatsachenklausel). Eine *Tatsachenklausel*

$$A \leftarrow$$

ist eine definite Programmklausel mit leerem Körper.

Definition 7.19 (Definites Programm). Ein *definites Programm* ist eine endliche Menge von definiten Programmklauseln.

Definition 7.20 (Programmklausel). Eine *(normale) Programmklausel* ist eine Klausel der Form

$$A \leftarrow L_1, \ldots, L_n$$

wobei A ein Atom ist und $L_1, \ldots, L_n$ Literale sind. A wird als *Kopf* der Programmklausel bezeichnet. $L_1, \ldots, L_n$ ist der *Körper* der Programmklausel.

Definition 7.21 (Normales Programm). Ein (normales) *Programm* ist eine endliche Menge von normalen Programmklauseln.

Definition 7.22 (Zielklausel). Eine *(normale) Zielklausel* ist eine Klausel der Form

$$\leftarrow L_1, \ldots, L_n$$

wobei $L_1, \ldots, L_n$ Literale sind.

Im Körper von normalen Programmklauseln können im Gegensatz zu definiten Programmklauseln auch negative Literale vorkommen. Jedes definite Programm ist ein normales Programm (die Umkehrung gilt nicht).

Definition 7.23 (Definition eines Prädikatsymbols). Die *Definition eines Prädikatsymbols* P in einem (normalen) Programm N ist die Menge aller Programmklauseln in N, die P im Kopfteil enthalten.

Die folgenden Transformationsschritte überführen die Programmklauseln eines normalen Programms N in die *Vervollständigung* des Programms. Diese Transformation realisiert die Annahme der Weltabgeschlossenheit (weitere Details hierzu bietet der Abschnitt 7.5). Sei

$$P(t_1, \ldots, t_n) \leftarrow L_1, \ldots, L_m$$

eine Programmklausel eines normalen Programms. In einem ersten Schritt wird die Klausel in diese Form transformiert:

$$P(x_1, \ldots, x_n) \leftarrow x_1 = t_1 \wedge \ldots \wedge x_n = t_n \wedge L_1 \wedge \ldots \wedge L_m$$

wobei $x_1, \ldots, x_n$ Variablen sind, die nicht in der Programmklausel vorkommen. Anschließend wird diese Formel wie folgt transformiert:

$$P(x_1, \ldots, x_n) \leftarrow \exists y_1, \ldots, y_d(x_1 = t_1 \wedge \ldots \wedge x_n = t_n \wedge L_1 \wedge \ldots \wedge L_m)$$

wobei $y_1, \ldots, y_d$ die Variablen der ursprünglichen Programmklausel sind. Diese Schritte werden für alle Programmklauseln der Definition von P durchgeführt. Es ergeben sich $k \geq 1$ transformierte Formeln:

$$P(x_1, \ldots, x_n) \leftarrow E_1$$
$$\vdots$$
$$P(x_1, \ldots, x_n) \leftarrow E_k$$

wobei jedes E_i diese Form besitzt:

$$\exists y_1, \ldots, y_d(x_1 = t_1 \wedge \ldots \wedge x_n = t_n \wedge L_1 \wedge \ldots \wedge L_m)$$

Die *vervollständigte Definition* des Prädikatsymbols P entspricht der Formel

$$\forall x_1, \ldots, x_n(P(x_1, \ldots, x_n) \leftrightarrow E_1 \vee \ldots \vee E_k)$$

Es ist möglich, dass einige Prädikatsymbole in einem Programm N nicht als Kopf einer Programmklausel vorkommen. Das bedeutet, dass diese Prädikatsymbole nur im Körper von Programmklauseln enthalten sind. Für solche Prädikatsymbole R wird zur Vervollständigung diese Klausel aufgenommen:

$$\forall x_1, \ldots, x_n \neg R(x_1, \ldots, x_n)$$

Diese Formel wird ebenfalls als *vervollständigte Definition* von R bezeichnet.

Definition 7.24 (Vervollständigung). Die *Vervollständigung* eines Programms N, bezeichnet mit $Comp(N)$, ist die Menge der vervollständigten Definitionen aller Prädikatsymbole in N zusammen mit den Gleichheitsaxiomen (EQ1) - (EQ3) und den Axiomen (UNA1) - (UNA3) der Annahme eindeutiger Namen[3].

Beispiel 7.2. Gegeben ist das normale Programm N:

$$P(y) \leftarrow Q(y), \neg R(\mathsf{a}, y)$$
$$P(f(z)) \leftarrow \neg Q(z)$$
$$G(x) \leftarrow Q(x)$$

Die Definition des Prädikatsymbols P im Programm N entspricht diesen Klauseln:

$$P(y) \leftarrow Q(y), \neg R(\mathsf{a}, y)$$
$$P(f(z)) \leftarrow \neg Q(z)$$

Die vervollständigte Definition des Prädikatsymbols P entspricht dieser Formel:

$$\forall x [\; P(x) \leftrightarrow (\; \exists y (x = y \wedge Q(y) \wedge \neg R(\mathsf{a}, y))$$
$$\vee \; \exists z (x = f(z) \wedge \neg Q(z))\;)\;]$$

---

[3]Die Axiome der Annahme eindeutiger Namen werden in Abschnitt 7.6 auf Seite 87 vorgestellt.

7.3 AAI-Modell

Die Bausteine des AAI-Modells sind *Ereignisse, Fluents* und *Zeitpunkte*. Der Begriff Fluent wird in [11, S. 257] wie folgt definiert:

A fluent is a description that applies to some interval of time and does not apply to others.

Beispiele für Fluents sind Aussagen wie „es regnet" oder „das Fenster ist offen". Die Gültigkeit von beiden Aussagen verändert sich im Lauf der Zeit und ist somit abhängig vom Zeitpunkt der Betrachtung. In einem ersten Schritt werden die Prädikatsymbole des AAI-Modells definiert (vgl. [57, 58]).

Definition 7.25 (Prädikatsymbole). Im AAI-Modell gibt es die Prädikatsymbole *Happens, Terminates, Always, HoldsAt, Invalid*, $\preceq$,$\leq$ und $<$. Sie haben folgende Bedeutung:

- *Happens*(e, z): Das Ereignis e tritt zum Zeitpunkt z ein.

- *Terminates*(e, f, z): Das Ereignis e hat zum Zeitpunkt z einen terminierenden Effekt auf den Fluent f.

- *Always*(f): Der Fluent f gilt an allen Zeitpunkten z mit $0 \preceq z$.

- *HoldsAt*(f, z): Der Fluent f gilt zum Zeitpunkt z.

- *Invalid*(z_1, f, z_2): Der Fluent f wird während des Intervalls $[z_1, z_2]$ ungültig.

- $z_1 \preceq z_2$: Der Zeitpunkt z_1 ist früher als oder identisch mit dem Zeitpunkt z_2.

- $i \leq j$: Die Delegationsstufe i ist kleiner oder gleich der Stufe j.

- $i < j$: Die Delegationsstufe i ist kleiner als die Stufe j.

7.3.1 Zeitmodell

Die Zeit wird als dicht und in die Zukunft unbeschränkt modelliert (vgl. Kapitel *Space, Time and Movement* in [61]). Die Zeitpunkte werden mit Hilfe der reellen Zahlen größer oder gleich 0 dargestellt. Als Symbole zur Bezeichnung der Zeitpunkte in der Prädikatenlogik kommen die üblichen Zeichen der reellen Zahlen zum Einsatz. Dies bedeutet, dass zum Beispiel die Konstante 1 (als Symbol der Prädikatenlogik) die reelle Zahl 1 bezeichnet. Die Menge $\mathcal{Z}$ der Zeitpunkte ist gegeben durch:

$$\mathcal{Z} := \{z \in \mathbb{R} \mid 0 \leq z\}$$

Das Prädikatsymbol $\preceq$ gibt die Ordnung von Zeitpunkten an. Dabei ist $z_1 \preceq z_2 \preceq z_3$ eine Abkürzung für $z_1 \preceq z_2 \wedge z_2 \preceq z_3$. Die beabsichtigte Interpretation des Prädikatsymbols $\preceq$ ist die Ordnungsrelation $\leq$ auf den reellen Zahlen. Somit ist $z_1 \preceq z_2$ genau dann wahr, wenn die Relation $z_1 \leq z_2$ für die reellen Zahlen z_1 und z_2 gilt. Für jede Interpretation I wird gefordert:

$$I(\preceq) := \{\langle x, y \rangle \mid x, y \in \mathcal{Z} \text{ und } x \leq y\}$$

7.3.2 Delegationsstufen

Die Delegationsstufe eines Privilegs ist eine natürliche Zahl größer als 0 (vgl. Abschnitt 3.7.3). Als Symbole zur Bezeichnung der Delegationsstufen in der Prädikatenlogik werden die üblichen Zeichen der natürlichen Zahlen verwendet. Die Menge $\mathcal{D}$ der Delegationsstufen ist gegeben durch:

$$\mathcal{D} := \{d \in \mathbb{N} \mid 0 < d\}$$

Die Ordnung von Delegationsstufen wird durch die Prädikatsymbole $\leq$ und $<$ ausgedrückt. Auch hier wird die Abkürzung $i \leq j \leq k$ bzw. $i < j < k$ verwendet. Die beabsichtigten Interpretationen der Prädikatsymbole $<$ und $\leq$ sind die Ordnungsrelationen $<$ und $\leq$ auf den natürlichen Zahlen. Für jede Interpretation I wird gefordert:

$$I(<) := \{\langle x, y \rangle \mid x, y \in \mathcal{D} \text{ und } x < y\}$$
$$I(\leq) := \{\langle x, y \rangle \mid x, y \in \mathcal{D} \text{ und } x \leq y\}$$

Das Funktionssymbol „+" wird verwendet, um die Addition von Delegationsstufen zu bezeichnen. Dieses Funktionssymbol wird in Infixnotation (z. B. $i + j$) geschrieben. Die beabsichtigte Interpretation ist die Addition natürlicher Zahlen.

7.3.3 Repräsentation von Attributen

In den Zertifikaten einer AAI werden Attribute zertifiziert (vgl. Abschnitt 6.1). Dabei handelt es sich entweder um deskriptive Attribute oder um Privilegien. Attribute werden durch diese Funktionssymbole formal dargestellt:

- $attrib(t, v)$ repräsentiert ein deskriptives Attribut des Typs t mit dem Wert v.

- $priv(t, i)$ repräsentiert ein Privileg des Typs t mit der Berechtigung zur Delegation des Privilegs über $i - 1$ Instanzen hinweg ($i \in \mathcal{D}$).

In einer AAI übernehmen einige Attributtypen eine besondere Rolle. Dazu gehört der Attributtyp öffentlicher Schlüssel und die Privilegien des Typs Berechtigung zum Ausstellen und zum Rückrufen von Zertifikaten. Diese Liste führt eine Konstante und zwei Funktionssymbole für spezielle Attribut- und Privilegientypen ein:

- Die Konstante κ bezeichnet den Attributtyp öffentlicher Schlüssel.

- Das Funktionssymbol $ci(t)$ bezeichnet den Privilegientyp zum Ausstellen von Zertifikaten für ein deskriptives Attribut des Typs t.

- Das Funktionssymbol $cr(x)$ bezeichnet den Privilegientyp der Berechtigung zum Rückruf von Zertifikaten des Zertifikat-Ausstellers x.

Zum Beispiel repräsentiert $ci(\kappa)$ den Privilegientyp zum Ausstellen von Zertifikaten für das deskriptive Attribut öffentlicher Schlüssel (Privilegientyp zum Ausstellen von Public-Key-Zertifikaten). Der Term $cr(b)$ steht für den Privilegientyp der Berechtigung zum Rückruf von Zertifikaten des Ausstellers b.

7.3.4 Fluents und Ereignisse

Es werden zwei Fluents eingeführt, um Zertifikate und die authentische Bindung von Attributen an Entitäten zu repräsentieren.

Definition 7.26 (Fluents). Im AAI-Modell gibt es zwei Fluents:

- $aut(h, a)$ bezeichnet die Authentizität der Bindung des Attributs a an den Teilnehmer h.

- $cert(x, px, h, a)$ bezeichnet ein Zertifikat, das die Bindung von Attribut a an Teilnehmer h bescheinigt. Das Zertifikat ist vorgeblich[4] ausgestellt von Teilnehmer x und digital signiert mit einem Schlüssel, zu dem der öffentliche Schlüssel px passt.

Definition 7.27 (Ereignisse). Im AAI-Modell gibt es drei Ereignisse, die Einfluss auf die Gültigkeit eines Zertifikat-Fluents c haben:

- $begin(c)$ bezeichnet das Ereignis, an dem das Zertifikat c gültig wird (Gültigkeitsbeginn).

- $end(c)$ bezeichnet das Ereignis, an dem das Zertifikat c ungültig wird (Gültigkeitsende).

- $revokes(r, pr, c)$ bezeichnet das Ereignis, an dem das Zertifikat c von Teilnehmer r zurückgerufen wird. Der Rückruf ist digital signiert mit einem Schlüssel, zu dem der öffentliche Schlüssel pr passt (Rückruf eines Zertifikats).

Prädikatsymbole	$Happens$, $Terminates$, $Always$, $HoldsAt$, $Invalid$, $\preceq$, $\leq$, $<$
Funktionssymbole	aut, $cert$, $attrib$, $priv$, ci, cr, $begin$, end, $revokes$, $+$

Tabelle 7.1: Prädikatsymbole und Funktionssymbole des AAI-Modells

---

[4]Vor der Prüfung der digitalen Signatur ist nicht sichergestellt, dass das Zertifikat tatsächlich von x ausgestellt wurde.

7.3.5 Axiome

Definition 7.28 (AAI-Axiome). Die Menge *AAI* der Axiome des AAI-Modells besteht aus diesen Formeln:

$$HoldsAt(aut(h, a), z) \leftarrow Always(aut(h, a)) \land 0 \preceq z \tag{AAI1}$$

$$
\begin{aligned}
HoldsAt(&cert(x, px, h, a), z_2) \leftarrow \\
&Happens(begin(cert(x, px, h, a)), z_1) \\
&\land z_1 \preceq z_2 \\
&\land \neg Invalid(z_1, cert(x, px, h, a), z_2)
\end{aligned}
\tag{AAI2}
$$

$$
\begin{aligned}
Invalid(&z_1, cert(x, px, h, a), z_2) \leftarrow \\
&Happens(e, z_3) \\
&\land z_1 \preceq z_3 \preceq z_4 \preceq z_2 \\
&\land Terminates(e, cert(x, px, h, a), z_4)
\end{aligned}
\tag{AAI3}
$$

$$Terminates(end(cert(x, px, h, a)), cert(x, px, h, a), z) \tag{AAI4}$$

$$
\begin{aligned}
Terminates(&revokes(r, pr, cert(x, px, h, a)), cert(x, px, h, a), z) \leftarrow \\
&HoldsAt(aut(r, attrib(\kappa, pr)), z) \\
&\land HoldsAt(aut(r, priv(cr(x), 1)), z)
\end{aligned}
\tag{AAI5}
$$

$$
\begin{aligned}
HoldsAt(&aut(h, attrib(t, v)), z) \leftarrow \\
&HoldsAt(cert(x, px, h, attrib(t, v)), z) \\
&\land HoldsAt(aut(x, attrib(\kappa, px)), z) \\
&\land HoldsAt(aut(x, priv(ci(t), 1)), z)
\end{aligned}
\tag{AAI6}
$$

$$
\begin{aligned}
HoldsAt(&aut(h, priv(t, i)), z) \leftarrow \\
&HoldsAt(cert(x, px, h, priv(t, j)), z) \\
&\land HoldsAt(aut(x, attrib(\kappa, px)), z) \\
&\land HoldsAt(aut(x, priv(t, i + 1)), z) \\
&\land 0 < i \leq j
\end{aligned}
\tag{AAI7}
$$

$$
\begin{aligned}
HoldsAt(&aut(h, priv(t, i)), z) \leftarrow \\
&HoldsAt(aut(h, priv(t, j)), z) \\
&\land 0 < i < j
\end{aligned}
\tag{AAI8}
$$

Für eine übersichtlichere Darstellung gilt die Konvention, dass alle Variablen universell quantifiziert sind. Das bedeutet zum Beispiel für das Axiom (AAI1), dass $\forall a, h, z$ vor der Formel nicht vermerkt ist.

Das erste Axiom (AAI1) besagt, dass der Fluent $aut(h, a)$ zum Zeitpunkt z mit $0 \preceq z$ gültig ist, wenn er an allen Zeitpunkten gültig ist. Das Axiom (AAI2) besagt, dass ein Zertifikat-Fluent $cert(x, px, h, a)$ zum Zeitpunkt z_2 gültig ist, wenn er zum Zeitpunkt $z_1 \preceq z_2$ durch den Gültigkeitsbeginn des Zertifikats initiiert wurde und in der seitdem verstrichenen Zeit nicht ungültig wurde.

Das Axiom (AAI3) besagt, dass ein Zertifikat-Fluent im Intervall $[z_1, z_2]$ ungültig wird, wenn

1. ein Ereignis e zum Zeitpunkt z_3 eintritt und

2. der Zeitpunkt z_3 kleiner oder gleich dem Zeitpunkt z_4 ist und beide Zeitpunkte im Intervall von $[z_1, z_2]$ liegen und

3. das Ereignis e zum Zeitpunkt z_4 einen terminierenden Effekt auf den Zertifikat-Fluent hat.

Das Axiom (AAI4) sagt aus, dass das Gültigkeitsende eines Zertifikats zu allen Zeitpunkten einen terminierenden Effekt auf den zugehörigen Zertifikat-Fluent hat. Das Axiom (AAI5) besagt, dass ein Rückrufereignis $revokes(r, pr, cert(x, px, h, a))$ zum Zeitpunkt z einen terminierenden Effekt auf die Gültigkeit des Zertifikat-Fluents $cert(x, px, h, a)$ hat, wenn

1. der Schlüssel pr zum Zeitpunkt z der authentische öffentliche Schlüssel des Rückruf-Ausstellers r ist (zur Prüfung der digitalen Signatur des Rückrufs) und

2. der Rückruf von einem Teilnehmer r ausgestellt ist, der zum Zeitpunkt z das Privileg zum Rückrufen der Zertifikate des Ausstellers x (der Aussteller des zurückgerufenen Zertifikats) besitzt.

Das Axiom (AAI6) dient der Authentifizierung von deskriptiven Attributen. Die Bindung des Attributs $attrib(t, v)$ an den Teilnehmer h ist zum Zeitpunkt z authentisch, falls

1. zum Zeitpunkt z ein Zertifikat für dieses Attribut gültig ist und

2. zum Zeitpunkt z der Schlüssel px der authentische öffentliche Schlüssel des Zertifikat-Ausstellers x ist und

3. zum Zeitpunkt z der Zertifikat-Aussteller x das Privileg zum Ausstellen von Zertifikaten für den Attributtyp t besitzt.

Das Axiom (AAI7) ermöglicht die Authentifizierung von Privilegien. Die Bindung des Privilegs $priv(t, i)$ mit der Delegationsstufe i an den Teilnehmer h ist zum Zeitpunkt z authentisch, falls

1. zum Zeitpunkt z ein Zertifikat für Teilnehmer h gültig ist, welches das Privileg $priv(t, j)$ mit einer Delegationsstufe j mit $0 < i \leq j$ bescheinigt und

2. zum Zeitpunkt z der Schlüssel px der authentische öffentliche Schlüssel des Zertifikat-Ausstellers x ist und

3. zum Zeitpunkt z der Zertifikat-Aussteller x das Privileg des gleichen Typs t mit der höheren Delegationsstufe $i + 1$ besitzt.

Das Axiom (AAI8) besagt, dass die Gültigkeit des Privilegs $priv(t, j)$ der Delegationsstufe j das Privileg $priv(t, i)$ impliziert, falls die Delegationsstufe i kleiner als j und größer als 0 ist.

7.4 Alices Sicht der AAI

Das AAI-Modell geht von der Perspektive des Benutzers Alice aus. Alice interessiert sich für die Authentizität der Bindung eines Attributs an eine Entität für einen bestimmten Zeitpunkt. Sie beschreibt ihre Sicht der AAI mit Hilfe von variablenfreien *Always-* und *Happens-*Atomen. Durch das Prädikatsymbol *Always* legt Alice fest, welche *aut-*Fluents grundsätzlich gültig sind. Auf diese Weise spezifiziert sie ihre eigenen Attribute. Dazu gehört zum Beispiel Alices eigener öffentlicher Schlüssel, der verwendet wird, um selbstsignierte Zertifikate zu prüfen. Außerdem beschreibt sie eine Reihe von Ereignissen mit Hilfe des Prädikatsymbols *Happens*. Damit legt Alice fest, welche Gültigkeitsbeginn-, Gültigkeitsende- und Rückruferereignisse eintreten. Die *Always-* und *Happens-*Atome werden in der Menge *View* gesammelt. Die folgende Menge ist ein Beispiel für Alices Sicht der AAI:

$$View = \{ \ Always(aut(\text{x}, attrib(\kappa, \text{px}))),$$
$$Happens(begin(cert(\text{x}, \text{px}, \text{h}, attrib(\kappa, \text{ph}))), 5),$$
$$Happens(end(cert(\text{x}, \text{px}, \text{h}, attrib(\kappa, \text{ph}))), 10),$$
$$Happens(revokes(\text{r}, \text{pr}, cert(\text{x}, \text{px}, \text{h}, attrib(\kappa, \text{ph}))), 7) \ \}$$

Definition 7.29 (View). Alices *View* ist eine endliche Menge mit variablenfreien *Always-* und *Happens-*Atomen.

7.5 Annahme der Weltabgeschlossenheit

Die Menge *View* repräsentiert Alices Wissen über die AAI. Das AAI-Modell geht von der Annahme der Weltabgeschlossenheit (Closed-World Assumption, CWA, vgl. [55, S. 439]) aus. Diese Annahme besagt, dass die gegebenen Informationen vollständig sind. Um diese Annahme zu erklären, ist die folgende Menge *View* mit zwei Ereignissen gegeben:

$$View = \{Happens(begin(cert(\text{x}, \text{px}, \text{h}, \text{a})), 0), Happens(begin(cert(\text{y}, \text{py}, \text{h}, \text{a})), 3)\}$$

Aus *View* folgt nicht, dass andere Ereignisse *nicht* eintreten. Beispielsweise gilt für ein drittes Ereignis $begin(cert(\text{z}, \text{pz}, \text{h}, \text{a}))$:

$$View \not\models \neg Happens(begin(cert(\text{z}, \text{pz}, \text{h}, \text{a})), 0)$$

Das bedeutet, dass $\neg Happens(begin(cert(z, pz, h, a)), 0)$ keine logische Konsequenz von $View$ ist.

Die Annahme der Weltabgeschlossenheit ermöglicht das Erschließen von negativen Informationen aus den gegebenen positiven Informationen. Ist beispielsweise für ein bestimmtes Ereignis in der Menge $View$ nicht angegeben, dass es eintritt, lässt sich dadurch erschließen, dass das Ereignis nicht eingetreten ist. Formal wird dies durch die Vervollständigung (vgl. Definition 7.24) der Formeln des AAI-Modells und der Formeln aus Alices View erreicht. Die Formelmenge $AAI \cup View$ hat die Form eines normalen Programms. Sie enthält ausschließlich Programm- und Tatsachenklauseln. Damit ist die Transformation der Vervollständigung auf diese Menge anwendbar. Das Ergebnis der Vervollständigung ist im Folgenden angegeben. Die vervollständigte Definition des Prädikatsymbols $HoldsAt$ in $AAI \cup View$ ist gegeben durch:

$$\forall x_1, x_2 \; [\; HoldsAt(x_1, x_2) \leftrightarrow (\qquad\qquad (C1)$$

$$(\; \exists a, h, z$$
$$(\; x_1 = aut(h, a) \land x_2 = z$$
$$\land \; Always(aut(h, a)) \land 0 \preceq z \;)$$
$$) \; \lor$$

$$(\; \exists a, h, x, px, z_1, z_2$$
$$(\; x_1 = cert(x, px, h, a) \land x_2 = z_2$$
$$\land \; Happens(begin(cert(x, px, h, a)), z_1)$$
$$\land \; z_1 \preceq z_2$$
$$\land \; \neg Invalid(z_1, cert(x, px, h, a), z_2) \;)$$
$$) \; \lor$$

$$(\; \exists h, t, v, x, px, z$$
$$(\; x_1 = aut(h, attrib(t, v)) \land x_2 = z$$
$$\land \; HoldsAt(cert(x, px, h, attrib(t, v)), z)$$
$$\land \; HoldsAt(aut(x, attrib(\kappa, px)), z)$$
$$\land \; HoldsAt(aut(x, priv(ci(t), 1)), z) \;)$$
$$) \; \lor$$

$$(\; \exists h, i, j, t, x, px, z$$
$$(\; x_1 = aut(h, priv(t, i)) \land x_2 = z$$
$$\land \; HoldsAt(cert(x, px, h, priv(t, j)), z)$$
$$\land \; HoldsAt(aut(x, attrib(\kappa, px)), z)$$
$$\land \; HoldsAt(aut(x, priv(t, i + 1)), z)$$
$$\land \; 0 < i \leq j \;)$$
$$) \; \lor$$

$$(\; \exists h, i, j, t, z$$
$$(\; x_1 = aut(h, priv(t, i)) \land x_2 = z$$
$$\land \; HoldsAt(aut(h, priv(t, j)), z)$$
$$\land \; 0 < i < j \;)$$
$$) \;) \;]$$

Die vervollständigte Definition des Prädikatsymbols *Invalid* in $AAI \cup View$ entspricht dieser Formel:

$$\forall x_1, x_2, x_3 \ [\ Invalid(x_1, x_2, x_3) \leftrightarrow \tag{C2}$$
$$(\ \exists a, e, h, x, px, z_1, z_2, z_3, z_4$$
$$(\ x_1 = z_1 \wedge x_2 = cert(x, px, h, a) \wedge x_3 = z_2$$
$$\wedge \ Happens(e, z_3)$$
$$\wedge \ z_1 \preceq z_3 \preceq z_4 \preceq z_2$$
$$\wedge \ Terminates(e, cert(x, px, h, a), z_4) \ )$$
$$) \ ]$$

Die vervollständigte Definition des Prädikatsymbols *Terminates* in $AAI \cup View$ ist diese Formel:

$$\forall x_1, x_2, x_3 \ [\ Terminates(x_1, x_2, x_3) \leftrightarrow (\tag{C3}$$
$$(\ \exists a, h, x, px, z$$
$$(\ x_1 = end(cert(x, px, h, a)) \wedge x_2 = cert(x, px, h, a)$$
$$\wedge \ x_3 = z \ )$$
$$) \vee$$
$$(\ \exists a, h, r, pr, x, px, z$$
$$(\ x_1 = revokes(r, pr, cert(x, px, h, a)) \wedge x_2 = cert(x, px, h, a)$$
$$\wedge \ x_3 = z$$
$$\wedge \ HoldsAt(aut(r, attrib(\kappa, pr)), z)$$
$$\wedge \ HoldsAt(aut(r, priv(cr(x), 1)), z) \ )$$
$$) \ ) \ ]$$

Sind in *View* keine *Always*-Atome enthalten, wird zur Vervollständigung diese Formel aufgenommen:

$$\forall x_1 \ \neg Always(x_1) \tag{C4'}$$

Falls die *Always*-Atome

$$Always(aut(h_1, a_1))$$
$$\vdots$$
$$Always(aut(h_n, a_n))$$

in *View* enthalten sind, ist die vervollständigte Definition des Prädikatsymbols *Always* eine Formel dieser Form:

$$\forall x_1 \ [\ Always(x_1) \leftrightarrow \tag{C4}$$
$$(\ x_1 = aut(h_1, a_1) \vee \ldots \vee x_1 = aut(h_n, a_n) \ ) \ ]$$

Falls keine *Happens*-Atome in *View* enthalten sind, wird diese Formel zur Vervollständigung hinzugefügt:

$$\forall x_1, x_2 \ \neg Happens(x_1, x_2) \tag{C5'}$$

Falls die *Happens*-Atome

$$Happens(e_1, z_1)$$
$$\vdots$$
$$Happens(e_m, z_m)$$

in *View* enthalten sind, ist die vervollständigte Definition des Prädikatsymbols *Happens* eine Formel dieser Form:

$$\forall x_1, x_2 \ [\ Happens(x_1, x_2) \leftrightarrow \tag{C5}$$
$$(\ (x_1 = e_1 \land x_2 = z_1) \lor \ldots \lor (x_1 = e_m \land x_2 = z_m) \ ) \ ]$$

Die Vervollständigung $Comp(AAI \cup View)$ ist die Menge der Formeln (C1) - (C5) zusammen mit den Gleichheitsaxiomen (EQ1) - (EQ3) und den Axiomen der Annahme eindeutiger Namen (UNA1) - (UNA3).

7.6 Annahme eindeutiger Namen

Die Prädikatenlogik erlaubt, dass verschiedene Funktionssymbole und verschiedene Konstanten auf das gleiche Objekt verweisen. Um negative Informationen auf Grundlage der Annahme der Weltabgeschlossenheit zu erschließen, muss zusätzlich davon ausgegangen werden, dass sich unterschiedliche Funktionssymbole und Konstanten auf unterschiedliche Objekte beziehen. Zur Erklärung ist wiederum die Menge *View* mit zwei Ereignissen gegeben:

$$View = \{Happens(begin(cert(x, px, h, a)), 0), Happens(begin(cert(y, py, h, a)), 3)\}$$

Die Vervollständigung von *View* ergibt:

$$Comp(View) = \{ \ \forall x_1, x_2 \ [\ Happens(x_1, x_2) \leftrightarrow$$
$$(x_1 = begin(cert(x, px, h, a)) \land x_2 = 0)$$
$$\lor (x_1 = begin(cert(y, py, h, a)) \land x_2 = 3) \ ] \ \}$$

Ohne die Annahme eindeutiger Namen ist die Interpretation erlaubt, dass zum Beispiel

$$begin(cert(x, px, h, a)) = begin(cert(z, pz, h, a))$$

gilt. Somit folgt:

$$Comp(View) \not\models \neg Happens(begin(cert(z, pz, h, a)), 0)$$

Das bedeutet, dass es trotz der Vervollständigung keine logische Konsequenz ist, dass $begin(cert(z, pz, h, a))$ zum Zeitpunkt 0 nicht eintritt. Um diesen Schluss zu ermöglichen gilt im AAI-Modell neben der Annahme der Weltabgeschlossenheit auch die Annahme eindeutiger Namen (Unique Name Assumption, UNA, vgl. [55, S. 413] oder [57, S.

58]) für alle Konstanten und Funktionssymbole außer dem Funktionssymbol + (Addition natürlicher Zahlen, vgl. Abschnitt 7.3.2). Für das vorliegende Beispiel besagt diese Annahme:

$$begin(cert(\mathrm{x}, \mathrm{px}, \mathrm{h}, \mathrm{a})) \neq begin(cert(\mathrm{y}, \mathrm{py}, \mathrm{h}, \mathrm{a}))$$
$$begin(cert(\mathrm{y}, \mathrm{py}, \mathrm{h}, \mathrm{a})) \neq begin(cert(\mathrm{z}, \mathrm{pz}, \mathrm{h}, \mathrm{a}))$$
$$begin(cert(\mathrm{x}, \mathrm{px}, \mathrm{h}, \mathrm{a})) \neq begin(cert(\mathrm{z}, \mathrm{pz}, \mathrm{h}, \mathrm{a}))$$

Mit eindeutigen Namen folgt schließlich:

$$Comp(View) \models \neg Happens(begin(cert(\mathrm{z}, \mathrm{pz}, \mathrm{h}, \mathrm{a})), 0)$$

Definition 7.30 (Annahme eindeutiger Namen).

$$f(x_1, \ldots, x_n) \neq g(y_1, \ldots, y_m) \qquad \text{(UNA1)}$$

für jedes unterschiedliche Paar von Funktionssymbolen f und g mit Stelligkeit $n \geq 0$ bzw. $m \geq 0$.

$$t(x) \neq x \qquad \text{(UNA2)}$$

für jeden Term $t(x)$ (unterschiedlich von x selbst), in dem x vorkommt.

$$f(x_1, \ldots, x_n) = f(y_1, \ldots, y_n) \to x_1 = y_1 \wedge \ldots \wedge x_n = y_n \qquad \text{(UNA3)}$$

für jedes Funktionssymbol f mit Stelligkeit n. Das Funktionssymbol + ist von der Annahme eindeutiger Namen ausgeschlossen.

Die erste Formel (UNA1) besagt, dass verschiedene Funktionssymbole auf unterschiedliche Objekte verweisen. Nullstellige Funktionssymbole sind Konstanten (vgl. [56, S. 50]). Aus diesem Grund enthält die erste Formel die Annahme eindeutiger Namen für Konstanten. Die Formel (UNA2) sagt aus, dass jeder Term, der x enthält, nicht für x steht. Die dritte Formel (UNA3) besagt, dass bei der Gleichheit von zwei Termen mit dem Funktionssymbol f die Argumente paarweise gleich sind. Die vorgestellte Definition der Annahme eindeutiger Namen stammt aus [48, S. 197].

Das Funktionssymbol + muss von der Annahme eindeutiger Namen ausgeschlossen werden, weil es die Addition natürlicher Zahlen bezeichnet. Hierfür muss zugelassen werden, dass z. B. $1 + 3 = 2 + 2 = 4$ oder $2 + 0 = 2$ gilt. Wäre die Annahme eindeutiger Namen für + gültig, würde dies den Axiomen (UNA1) - (UNA3) widersprechen.

7.7 Authentifizierung von Attributen

Alice beschreibt ihre Sicht der AAI durch die Menge $View$. Sie interessiert sich für die Authentizität der Bindung eines Attributs an eine bestimmte Entität. Die Bindung eines Attributs a an eine Entität h ist zum Zeitpunkt z aus Alices Sicht authentisch, falls $Comp(AAI \cup View)$ widerspruchsfrei (vgl. Abschnitt 7.10) ist und

$$Comp(AAI \cup View) \models HoldsAt(aut(h, a), z)$$

d. h. falls $HoldsAt(aut(h, a), z)$ eine logische Konsequenz aus der Vervollständigung von $AAI \cup View$ ist.

Um zu überprüfen, ob $HoldsAt(aut(h, a), z)$ eine logische Konsequenz ist, kann ein Kalkül der Prädikatenlogik verwendet werden. Ein Beispiel hierfür ist der Tableau-Kalkül [48, S. 108]. Dieser Kalkül ist korrekt und vollständig. Das bedeutet, dass $HoldsAt(aut(h, a), z)$ aus $Comp(AAI \cup View)$ mit Hilfe des Tableau-Kalküls abgeleitet werden kann genau dann, wenn $HoldsAt(aut(h, a), z)$ eine logische Konsequenz von $Comp(AAI \cup View)$ ist. Eine Alternative zum Tableau-Kalkül ist z. B. der Kalkül K [15].

Es zeigt sich aber, dass eine manuelle Ableitung sehr umfangreich ist. Darum bietet es sich an, das in Kapitel 8 vorgestellte PROLOG-Programm zur Ableitung zu verwenden. Es wird gezeigt, dass das PROLOG-Programm korrekte Ergebnisse liefert. Außerdem kann das Programm dazu verwendet werden, um festzustellen, ob $Comp(AAI \cup View)$ widerspruchsfrei ist (vgl. Abschnitt 7.10).

7.8 Vergleich zu Maurers PKI-Modell

Das AAI-Modell enthält die Modellierungsmöglichkeiten des Maurerschen PKI-Modells (vgl. Abschnitt 2.9). Die Tabelle 7.2 ordnet den Aussagen des PKI-Modells die entsprechenden Fluents des AAI-Modells zu.

PKI-Modell	AAI-Modell
$Aut(x, px)$	$aut(x, attrib(\kappa, px))$
$Trust(x, i)$	$aut(x, priv(ci(\kappa), i))$
$Cert(x, px, y, py)$	$cert(x, px, y, attrib(\kappa, py))$
$Rec(x, px, y, i)$	$cert(x, px, y, priv(ci(\kappa), i))$

Tabelle 7.2: Vergleich zwischen PKI- und AAI-Modell

7.9 Zertifikationsgraph

Der Zustand einer AAI an einem Zeitpunkt z lässt sich mit Hilfe dieser graphischen Elemente in einem *Zertifikationsgraphen* darstellen:

Attribut-Zertifikate: Falls der Fluent $cert(x, px, h, attrib(t, v))$ mit $t \neq \kappa$ zum Zeitpunkt z gilt, wird dies durch folgendes Element dargestellt:

x, px $\qquad\qquad$ $h, (t, v)$

Public-Key-Zertifikate: Falls der Fluent $cert(x, px, h, attrib(\kappa, ph))$ zum Zeitpunkt z gilt, wird dies durch folgendes Element dargestellt:

$$x, px \qquad\qquad\qquad h, ph$$

Privilegien-Zertifikate: Falls der Fluent $cert(x, px, h, priv(t, i))$ zum Zeitpunkt z gilt, wird dies durch folgendes Element dargestellt:

$$\bullet\text{--------}(t,i)\text{-------}\!\!\!\blacktriangleright\!\!\circ$$
$$x, px \qquad\qquad\qquad h$$

Attribut-Authentizität: Falls der Fluent $aut(h, attrib(t, v))$ mit $t \neq \kappa$ zum Zeitpunkt z gilt, wird dies durch folgendes Element dargestellt:

$$\text{------------}\!\!\!\blacktriangleright\!\!\circ$$
$$h, (t, v)$$

Schlüsselauthentizität: Falls der Fluent $aut(h, attrib(\kappa, ph))$ zum Zeitpunkt z gilt, wird dies durch folgendes Element dargestellt:

$$\text{------------}\!\!\!\blacktriangleright\!\!\bullet$$
$$h, ph$$

Privilegien-Authentizität: Falls der Fluent $aut(h, priv(t, i))$ zum Zeitpunkt z gilt, wird dies durch folgendes Element dargestellt:

$$\text{-----}(t,i)\text{---}\!\!\!\blacktriangleright\!\!\circ$$
$$h$$

Rückrufereignis: Falls das Rückrufereignis $revokes(r, pr, c)$ an einem Zeitpunkt $u \preceq z$ eintritt und falls u nach dem Zeitpunkt b des Gültigkeitsbeginn-Ereignisses ($b \preceq u$) und falls z vor dem Zeitpunkt e des Gültigkeitsende-Ereignisses ($z \preceq e$) des Zertifikats c liegt, wird das Rückrufereignis durch folgendes Element dargestellt. Der mit c beschriftete Pfeil ist ein Platzhalter für das im Rückrufereignis bezeichnete Zertifikat c. Im Zertifikationsgraphen steht an der Stelle dieses Platzhalters das graphische Element, das zu dem Zertifikat-Fluent c gehört.

$$r, pr$$

Beispiele für Zertifikationsgraphen finden sich in Kapitel 9.

7.10 Widerspruchsfreiheit

Dieser Abschitt zeigt die Widerspruchsfreiheit der Formeln des AAI-Modells unter der Voraussetzung, dass es keinen Rückruf gibt, der sich auf ein Zertifikat bezieht, das zur Authentifizierung oder zur Autorisierung des Rückrufs verwendet wird. In diesen Fällen kann nicht entschieden werden, ob das zurückgerufene Zertifikat gültig oder ungültig ist (vgl. Beispiel 9.2.3, Rückrufschleife). Um zu prüfen, ob Alices View die genannte Voraussetzung erfüllt, kann das PROLOG-Programm des folgenden Kapitels verwendet werden. Ist die Voraussetzung für einen View nicht gegeben, liefert das Programm die Meldung looped. Wird keine looped-Meldung ausgegeben, ist die Voraussetzung erfüllt.

Satz 7.1. Falls es keinen Rückruf gibt, der sich auf ein Zertifikat bezieht, das zur Authentifizierung oder zur Autorisierung des Rückrufs verwendet wird, ist $Comp(AAI \cup View)$ für jede endliche Menge $View$ mit variablenfreien $Happens$- und $Always$-Atomen widerspruchsfrei.

Beweis. Es wird eine Struktur konstruiert, in der alle Formeln aus $Comp(AAI \cup View)$ wahr sind. Sei $S_0 = \langle U, I_0 \rangle$ eine zu $Comp(AAI \cup View)$ passende Herbrand-Struktur mit Herbrand-Universum U. Damit steht die Interpretation I_0 für alle Konstanten und Funktionssymbole fest. Für die Prädikatsymbole des AAI-Modells wird die Interpretation I_0 im Folgenden bestimmt.

Die Prädikatsymbole $<$, $\leq$ und $\preceq$ haben im AAI-Modell eine fest vorgegebene Interpretation (vgl. Abschnitt 7.3.1 und 7.3.2). Die Interpretation I_0 richtet sich nach dieser Vorgabe:

$$I_0(<) := \{\langle x, y \rangle \mid x, y \in \mathcal{D} \text{ und } x < y\}$$
$$I_0(\leq) := \{\langle x, y \rangle \mid x, y \in \mathcal{D} \text{ und } x \leq y\}$$
$$I_0(\preceq) := \{\langle x, y \rangle \mid x, y \in \mathcal{Z} \text{ und } x \leq y\}$$

($\mathcal{Z}$ bezeichnet die Menge der Zeitpunkte (vgl. Abschnitt 7.3.1); $\mathcal{D}$ steht für die Menge der Delegationsstufen (vgl. Abschnitt 7.3.2)). Außerdem wird I_0 für das Prädikatsymbol $=$ definiert, so dass die Gleichheitsaxiome und die Annahme eindeutiger Namen erfüllt sind:

$$I_0(=) := \{\langle x, x \rangle \mid x \in U\}$$

Die Interpretation I_0 wird so festgelegt, dass die Formeln (C4) und (C5) (die Vervollständigung von Alices View) in S_0 wahr sind.[5] Außerdem wird I_0 so bestimmt, dass $Terminates$ für jedes Gültigkeitsende-Ereignis und jeden Zeitpunkt wahr ist:

$$I_0(Happens) := \{\langle e, z \rangle \mid Happens(e, z) \in View\}$$
$$I_0(Always) := \{\langle f \rangle \mid Always(f) \in View\}$$
$$I_0(Terminates) := \{\langle end(cert(x, px, h, a)), cert(x, px, h, a), z \rangle \mid x, px, h, a \in U, z \in \mathcal{Z}\}$$
$$I_0(HoldsAt) := \{\}$$
$$I_0(Invalid) := \{\}$$

---

[5] Falls Alices View keine $Happens$- oder keine $Always$-Atome enthält, ist in S_0 die Formel (C4') bzw. (C5') wahr.

Im Folgenden bezeichnet k einen Index ($k \in \mathbb{N}$). Setze zu Beginn den Index $k = 1$.

Schritt 1: Sei $S_k = \langle U, I_k \rangle$ eine weitere Herbrand-Struktur auf dem Universum U mit der Interpretation I_k. $F_1(x_1, x_2)$ bezeichnet die folgende Formel:

$$
\begin{aligned}
&(\, \exists a, h, z \\
&\qquad (\, x_1 = aut(h, a) \wedge x_2 = z \\
&\qquad\quad \wedge Always(aut(h, a)) \wedge 0 \preceq z \,) \\
&) \vee \\
&(\, \exists h, t, v, x, px, z \\
&\qquad (\, x_1 = aut(h, attrib(t, v)) \wedge x_2 = z \\
&\qquad\quad \wedge HoldsAt(cert(x, px, h, attrib(t, v)), z) \\
&\qquad\quad \wedge HoldsAt(aut(x, attrib(\kappa, px)), z) \\
&\qquad\quad \wedge HoldsAt(aut(x, priv(ci(t), 1)), z) \,) \\
&) \vee \\
&(\, \exists h, i, j, t, x, px, z \\
&\qquad (\, x_1 = aut(h, priv(t, i)) \wedge x_2 = z \\
&\qquad\quad \wedge HoldsAt(cert(x, px, h, priv(t, j)), z) \\
&\qquad\quad \wedge HoldsAt(aut(x, attrib(\kappa, px)), z) \\
&\qquad\quad \wedge HoldsAt(aut(x, priv(t, i + 1)), z) \\
&\qquad\quad \wedge 0 < i \leq j \,) \\
&) \vee \\
&(\, \exists h, i, j, t, z \\
&\qquad (\, x_1 = aut(h, priv(t, i)) \wedge x_2 = z \\
&\qquad\quad \wedge HoldsAt(aut(h, priv(t, j)), z) \\
&\qquad\quad \wedge 0 < i < j \,) \\
&)
\end{aligned}
$$

Dies entspricht den Disjunktionsgliedern der rechten Seite von (C1), mit deren Hilfe die Gültigkeit von *aut*-Fluents bestimmt wird. Die Interpretation I_k übernimmt die vorhergehende Interpretation I_{k-1} für alle Prädikatsymbole mit Ausnahme des Symbols *HoldsAt*. Die Interpretation I_k für *HoldsAt* wird mit Hilfe von F_1 und der vorhergehenden Struktur S_{k-1} so bestimmt, dass (C1) in S_k für *aut*-Fluents wahr ist. Die

Formeln (C4) und (C5) sind in S_k weiterhin wahr, weil $HoldsAt$ in beiden Formeln nicht vorkommt.

$$I_k(<) := I_{k-1}(<)$$
$$I_k(\leq) := I_{k-1}(\leq)$$
$$I_k(\preceq) := I_{k-1}(\preceq)$$
$$I_k(=) := I_{k-1}(=)$$
$$I_k(Happens) := I_{k-1}(Happens)$$
$$I_k(Always) := I_{k-1}(Always)$$
$$I_k(Terminates) := I_{k-1}(Terminates)$$
$$I_k(HoldsAt) := \{\langle f, z \rangle \mid S_{k-1} \models F_1(f, z) \text{ und } f \in U, z \in \mathcal{Z}\}$$
$$I_k(Invalid) := I_{k-1}(Invalid)$$

Schritt 2: Sei $S_{k+1} = \langle U, I_{k+1} \rangle$ eine weitere Herbrand-Struktur auf dem Universum U mit der Interpretation I_{k+1}. $F_2(x_1, x_2, x_3)$ bezeichnet die folgende Formel:

$$\exists a, h, r, pr, x, px, z$$
$$(\; x_1 = revokes(r, pr, cert(x, px, h, a)) \wedge x_2 = cert(x, px, h, a)$$
$$\wedge x_3 = z$$
$$\wedge HoldsAt(aut(r, attrib(\kappa, pr)), z)$$
$$\wedge HoldsAt(aut(r, priv(cr(x), 1)), z) \;)$$

Dies entspricht dem zweiten Disjunktionsglied der rechten Seite von (C3), wobei x_1, x_2 und x_3 hier freie Variablen sind. Die Interpretation I_{k+1} wird so festgelegt, dass die Interpretation I_k für alle Prädikatsymbole bis auf $Terminates$ erhalten bleibt. Die Interpretation I_{k+1} für $Terminates$ wird mit Hilfe von F_2 und der Struktur S_k bestimmt, so dass (C3) in S_{k+1} wahr ist. Außerdem wird $I_0(Terminates)$ aufgenommen, damit $Terminates$ weiterhin für alle Gültigkeitsende-Ereignisse wahr ist. Die Formeln (C4) und (C5) sind in S_{k+1} weiterhin wahr, weil $Terminates$ in beiden Formeln nicht vorkommt.

$$I_{k+1}(<) := I_k(<)$$
$$I_{k+1}(\leq) := I_k(\leq)$$
$$I_{k+1}(\preceq) := I_k(\preceq)$$
$$I_{k+1}(=) := I_k(=)$$
$$I_{k+1}(Happens) := I_k(Happens)$$
$$I_{k+1}(Always) := I_k(Always)$$
$$I_{k+1}(Terminates) := I_0(Terminates) \cup \{\langle e, c, z \rangle \mid S_k \models F_2(e, c, z) \text{ und } e, c \in U, z \in \mathcal{Z}\}$$
$$I_{k+1}(HoldsAt) := I_k(HoldsAt)$$
$$I_{k+1}(Invalid) := I_k(Invalid)$$

Schritt 3: Sei $S_{k+2} = \langle U, I_{k+2} \rangle$ eine Herbrand-Struktur auf dem Universum U mit der Interpretation I_{k+2}. $F_3(x_1, x_2, x_3)$ bezeichnet die folgende Formel:

$$
\begin{aligned}
&\exists a, e, h, x, px, z_1, z_2, z_3, z_4 \\
&\quad (\ x_1 = z_1 \wedge x_2 = cert(x, px, h, a) \wedge x_3 = z_2 \\
&\quad \wedge\ Happens(e, z_3) \\
&\quad \wedge\ z_1 \preceq z_3 \preceq z_4 \preceq z_2 \\
&\quad \wedge\ Terminates(e, cert(x, px, h, a), z_4)\ )
\end{aligned}
$$

Dies entspricht der rechten Seite von (C2), wobei x_1, x_2 und x_3 hier freie Variablen sind. Die Interpretation I_{k+2} wird so festgelegt, dass die vorhergehende Interpretation I_{k+1} für alle Prädikatsymbole bis auf *Invalid* erhalten bleibt. Die Interpretation I_{k+2} für *Invalid* wird mit Hilfe von F_3 und der Struktur S_{k+1} bestimmt, so dass (C2) in S_{k+2} wahr ist. Die Formeln (C3), (C4) und (C5) sind in S_{k+2} weiterhin wahr, weil *Invalid* in diesen Formeln nicht vorkommt.

$$
\begin{aligned}
I_{k+2}(<) &:= I_{k+1}(<) \\
I_{k+2}(\leq) &:= I_{k+1}(\leq) \\
I_{k+2}(\preceq) &:= I_{k+1}(\preceq) \\
I_{k+2}(=) &:= I_{k+1}(=) \\
I_{k+2}(Happens) &:= I_{k+1}(Happens) \\
I_{k+2}(Always) &:= I_{k+1}(Always) \\
I_{k+2}(Terminates) &:= I_{k+1}(Terminates) \\
I_{k+2}(HoldsAt) &:= I_{k+1}(HoldsAt) \\
I_{k+2}(Invalid) &:= \{\langle z_1, c, z_2 \rangle \mid S_{k+1} \models F_3(z_1, c, z_2) \text{ und } c \in U, z_1, z_2 \in \mathcal{Z}\}
\end{aligned}
$$

Schritt 4: Sei $S_{k+3} = \langle U, I_{k+3} \rangle$ eine weitere Herbrand-Struktur auf dem Universum U mit der Interpretation I_{k+3}. $F_4(x_1, x_2)$ bezeichnet die folgende Formel:

$$
\begin{aligned}
&\exists a, h, x, px, z_1, z_2 \\
&\quad (\ x_1 = cert(x, px, h, a) \wedge x_2 = z_2 \\
&\quad \wedge\ Happens(begin(cert(x, px, h, a)), z_1) \\
&\quad \wedge\ z_1 \preceq z_2 \\
&\quad \wedge\ \neg Invalid(z_1, cert(x, px, h, a), z_2)\ )
\end{aligned}
$$

Dies entspricht dem zweiten Disjunktionsglied der rechten Seite von (C1), wobei x_1 und x_2 hier freie Variablen sind. Mit Hilfe dieser Formel wird die Gültigkeit von *cert*-Fluents bestimmt. Die Interpretationen aller Prädikatsymbole mit Ausnahme von *HoldsAt* werden von der vorhergehenden Interpretation I_{k+2} übernommen. Die Interpretation I_{k+3} wird so festgelegt, dass (C1) für *cert*-Fluents in S_{k+3} wahr ist. Die Formeln

(C2), (C3), (C4) und (C5) sind in S_{k+3} weiterhin wahr, weil $HoldsAt$ für $cert$-Fluents in diesen Formeln nicht vorkommt.

$$I_{k+3}(<) := I_{k+2}(<)$$
$$I_{k+3}(\leq) := I_{k+2}(\leq)$$
$$I_{k+3}(\preceq) := I_{k+2}(\preceq)$$
$$I_{k+3}(=) := I_{k+2}(=)$$
$$I_{k+3}(Happens) := I_{k+2}(Happens)$$
$$I_{k+3}(Always) := I_{k+2}(Always)$$
$$I_{k+3}(Terminates) := I_{k+2}(Terminates)$$
$$I_{k+3}(HoldsAt) := I_{k+2}(HoldsAt) \cup \{\langle f, z \rangle \mid S_{k+2} \models F_4(f, z) \text{ und } f \in U, z \in \mathcal{Z}\}$$
$$I_{k+3}(Invalid) := I_{k+2}(Invalid)$$

Gehe zu Schritt 1, falls der Index k den Wert 1 hat (erster Durchlauf). Gehe ebenfalls zu Schritt 1, falls der Index k nicht den Wert 1 hat und die Interpretation I_{k+3} von $HoldsAt$ der Interpretation I_{k+3-4} von $HoldsAt$ (die Interpretation der vorausgegangenen Durchführung von Schritt 4) nicht gleicht (Terminationskriterium). Setze vor dem Rücksprung zu Schritt 1 den Index k auf den Wert $k + 4$, so dass die in Schritt 4 angegebene Struktur der Struktur in Schritt 1 vorausgeht.

Das vorgestellte Schema zur Konstruktion einer Struktur, in der alle Formeln aus $Comp(AAI \cup View)$ wahr sind, terminiert: Zu Beginn wird die Interpretation von $HoldsAt$ auf die leere Menge gesetzt (vgl. I_0). Damit werden beim ersten Durchlauf von Schritt 1 ($k = 1$) nur Elemente für aut-Fluents in die Interpretation von $HoldsAt$ aufgenommen, für die es ein $Always$-Atom in $View$ gibt. Auf Grundlage dieser Interpretation von $HoldsAt$ wird in Schritt 2 die Interpretation von $Terminates$ gesetzt. Hierbei werden die zuvor als wahr bestimmten aut-Fluents zur Authentifizierung und zur Autorisierung von Rückrufen verwendet. Auf der Grundlage der Interpretation von $Terminates$ wird in Schritt 3 die Interpretation von $Invalid$ bestimmt. Auf dieser Basis wird in Schritt 4 entschieden, welche $cert$-Fluents gültig sind. Hierbei werden alle Rückrufe berücksichtigt, für die in Schritt 1 passende Elemente für aut-Fluents zur Authentifizierung und zur Autorisierung in die Interpretation von $HoldsAt$ aufgenommen wurden. Die Interpretation von $HoldsAt$ wird in Schritt 4 um Elemente für $cert$-Fluents ergänzt. Die in Schritt 1 eingefügten Elemente für aut-Fluents bleiben erhalten. Nun erfolgt der Rücksprung zu Schritt 1. An dieser Stelle wird die Interpretation von $HoldsAt$ überschrieben. Sie wird auf Elemente für aut-Fluents gesetzt, für die F_1 auf Grundlage der in der vorhergehenden Struktur (aus Schritt 4) enthaltenen Elemente für aut- und $cert$-Fluents wahr ist. Vor der ersten Wiederholung wurden aut-Fluents nur durch $Always$-Atome gültig. Nun kommen die aut-Fluents hinzu, die auf Grundlage eines Zertifikats gültig sind, für das in Schritt 1 des vorhergehenden Durchlaufs passende aut-Fluents (zur Authentifizierung und Autorisierung des Zertifikat-Ausstellers) ergänzt wurden. Bei jedem Durchlauf kann das nächste Zertifikat einer Zertifikations- bzw. Delegationskette als Grundlage für die Gültigkeit eines aut-Fluents dienen. Hierbei kann es sein, dass aut-Fluents gültig werden, die zur Authentifizierung oder zur Autorisierung eines Rückrufs benötigt werden, der sich auf ein Zertifikat bezieht, das bereits

Grundlage für die Gültigkeit eines anderen[6] *aut*-Fluents war. Aus diesem Grund wird in Schritt 1 die Interpretation von *HoldsAt* überschrieben und mit Hilfe der vorhergehenden Struktur und F_1 neu bestimmt. Dadurch werden die angesprochenen Rückrufe berücksichtigt.

Es gibt endlich viele Ereignisse in Alices View. Damit gibt es endlich viele Zertifikate. Das beschriebene Konstruktionsprinzip arbeitet in jedem Durchlauf das jeweils nächste Zertifikat aller Zertifikations- bzw. Delegationsketten ab und berücksichtigt dabei auch Rückrufe, die für Zertifikate greifen, die den im aktuellen Durchlauf akzeptierten Zertifikaten in der Zertifikations- bzw. Delegationskette vorangehen. Sind alle Ketten abgearbeitet, können weitere Wiederholungen von Schritt 1 - 4 folgen, welche die Rückrufe berücksichtigen, die im jeweils vorhergehenden Schritt einen terminierenden Effekt erhalten haben. Diese Rückrufe können wiederum Auswirkungen auf die Gültigkeit von Fluents haben. Nachdem in Alices View endlich viele Rückrufe enthalten sind und es keine Rückrufe gibt, die sich auf ein Zertifikat beziehen, das zur Authentifizierung oder zur Autorisierung des jeweiligen Rückrufs verwendet werden (nach Voraussetzung), terminiert das vorgestellte Konstruktionsschema.

In diesem Fall gleicht die Interpretation $I_{k+3}(HoldsAt)$ der Interpretation $I_{k+3-4}(HoldsAt)$ des vorhergehenden Durchlaufs von Schritt 4. Es werden keine Elemente für *aut*- oder *cert*-Fluents ergänzt oder entfernt. Die Formel (C1) ist in diesem Fall für *aut*-Fluents (vgl. Schritt 1) und ebenfalls für *cert*-Fluents (vgl. Schritt 4) wahr. Außerdem sind in Schritt 4 die Formeln (C2) - (C5) wahr.

Somit ist S_{k+3} ein Modell für $Comp(AAI \cup View)$, das sich ausgehend von jeder endlichen Menge $View$ mit variablenfreien *Happens*- und *Always*-Atomen konstruieren lässt. $Comp(AAI \cup View)$ ist erfüllbar. Nach [16, S. 107] ist jede erfüllbare Formelmenge widerspruchsfrei. Somit ist $Comp(AAI \cup View)$ für jede endliche Menge $View$ mit variablenfreien *Happens*- und *Always*-Atomen unter der genannten Voraussetzung widerspruchsfrei.   □

---

[6] Dabei handelt es sich sicher um einen anderen *aut*-Fluent, weil es nach Voraussetzung keinen Rückruf gibt, der sich auf ein Zertifikat bezieht, das zur Authentifizierung oder zur Autorisierung des Rückrufs verwendet wird.

8 PROLOG-Programm

Dieses Kapitel stellt ein PROLOG-Programm zur automatischen Attribut-Authentifizierung vor. Im Folgenden wird der Aufbau und die Bedienung des Programms erklärt. Außerdem wird die Termination aller Programmläufe sowie die Korrektheit der durch das Programm abgeleiteten Antworten gezeigt.

8.1 PROLOG-Notation

In diesem Abschnitt werden einige Begriffe der Logikprogrammierung (vgl. Abschnitt 7.2.3) in PROLOG-Notation übertragen. Ein erster Unterschied zwischen der PROLOG-Notation und der Syntax der Prädikatenlogik liegt in den Regelungen zur Groß- und Kleinschreibung. Konstanten und Funktionssymbole werden in PROLOG-Notation klein geschrieben. Auch Prädikatsymbole sind klein geschrieben (z. B. holdsAt). Nur Variablen sind in Großschreibung dargestellt. Bei einer Beschreibung der Prädikatsymbole eines PROLOG-Programms ist es üblich, die Namen der Prädikatsymbole mit einer Stelligkeitsangabe zu versehen (z. B. holdsAt/6) und diese als *Prädikate* zu bezeichnen.

Die Negation wird in PROLOG nicht als ¬ sondern als \+ notiert. Das Zeichen \+ steht für die *Negation As Finite Failure*. Diese Negation unterscheidet sich grundlegend von der Negation ¬ der Prädikatenlogik. In PROLOG wird \+ p als wahr bewertet genau dann, wenn alle Ableitungen von p nicht erfolgreich sind. Eine genaue Definition der Negation As Finite Failure bieten [48, S. 192ff] bzw. [49, S. 59ff].

Die Programmklausel $A \leftarrow L_1, \ldots, L_n$ wird in PROLOG in dieser Notation dargestellt:

```
A :- M1,...,Mn.
```

wobei Mi aus L_i entsteht, indem man alle Vorkommen von ¬ in L_i durch \+ in Mi ersetzt. Die Tatsachenklausel $A \leftarrow$ wird in PROLOG wie folgt dargestellt:

```
A.
```

Zielklauseln werden dem PROLOG-Interpreter als Anfrage übergeben. Es ist üblich, eine Anfrage der Zielklausel $\leftarrow L_1, \ldots, L_n$ wie folgt darzustellen:

```
?- M1,...,Mn.
```

Hierbei entsteht Mi wiederum aus L_i, indem man alle Vorkommen von ¬ in L_i durch \+ in Mi ersetzt. Das Zeichen ?- stellt die Kommandozeile des Interpreters dar. Eine Einführung in die Programmiersprache PROLOG bieten [5] bzw. [60]. PROLOG verwendet die SLDNF-Ableitungstechnik.[1] Die theoretischen Grundlagen hierzu werden in [48] bzw. [49] beschrieben.

---

[1]SLDNF steht für „selection rule driven linear resolution for definite clauses with negation as failure".

Ein letzte Anmerkung betrifft die Notation des konstanten Attributtypen κ (Attributtyp öffentlicher Schlüssel, vgl. Abschnitt 7.3.3). In PROLOG wird dieser Attributtyp mit **pk** bezeichnet.

8.2 Quellcode

Das folgende PROLOG-Programm realisiert das AAI-Modell. Es ermöglicht die automatische Authentifizierung von Attributen. Das Programm wurde mit SWI-PROLOG 5.6.1 [64][2] getestet.

```
1    :- dynamic looped/2.
2
3    holdsAt(F,Z) :- holdsAt(F,Z,_Path).
4
5    holdsAt(F,Z,Path) :-
6        retractall(looped(_,_)),
7        holdsAt(F,Z,[],Path,[],[]).
8
9    holdsAt(aut(H,A),Z,PathIn,PathOut,_OpenPos,_OpenNeg) :-
10       always(aut(H,A)),
11       beforeOrEqual(0,Z),
12       add_path([aut(H,A),Z],PathIn,PathOut).
13
14   holdsAt(cert(X,PX,H,A),Z2,PathIn,PathOut,_OpenPos,OpenNeg) :-
15       happens(begin(cert(X,PX,H,A)),Z1),
16       beforeOrEqual(Z1,Z2),
17       \+ invalid(Z1,cert(X,PX,H,A),Z2,OpenNeg),
18       add_path([cert(X,PX,H,A),Z2],PathIn,PathOut).
19
20   holdsAt(aut(H,attrib(T,V)),Z,PathIn,PathOut,OpenPos,OpenNeg) :-
21       member([aut(H,attrib(T,V)),Z],OpenPos) -> fail;
22       holdsAt(cert(X,PX,H,attrib(T,V)),Z,PathIn,Path1,
23           [[aut(H,attrib(T,V)),Z]|OpenPos],OpenNeg),
24       holdsAt(aut(X,attrib(pk,PX)),Z,Path1,Path2,
25           [[aut(H,attrib(T,V)),Z]|OpenPos],OpenNeg),
26       holdsAt(aut(X,priv(ci(T),1)),Z,Path2,Path3,
27           [[aut(H,attrib(T,V)),Z]|OpenPos],OpenNeg),
28       add_path([aut(H,attrib(T,V)),Z],Path3,PathOut).
29
30   holdsAt(aut(H,priv(T,I)),Z,PathIn,PathOut,OpenPos,OpenNeg) :-
31       member([aut(H,priv(T,I)),Z],OpenPos) -> fail;
32       holdsAt(cert(X,PX,H,priv(T,J)),Z,PathIn,Path1,
33           [[aut(H,priv(T,I)),Z]|OpenPos],OpenNeg),
34       between(1,J,I),
35       holdsAt(aut(X,attrib(pk,PX)),Z,Path1,Path2,
36           [[aut(H,priv(T,I)),Z]|OpenPos],OpenNeg),
37       K is I + 1,
38       holdsAt(aut(X,priv(T,K)),Z,Path2,Path3,
39           [[aut(H,priv(T,I)),Z]|OpenPos],OpenNeg),
40       add_path([aut(H,priv(T,I)),Z],Path3,PathOut).
41
42   holdsAt(aut(H,priv(T,I)),Z,PathIn,PathOut,OpenPos,OpenNeg) :-
43       nonvar(I),
44       holdsAt(aut(H,priv(T,J)),Z,PathIn,Path1,OpenPos,OpenNeg),
45       (I < J),
46       (0 < I),
47       add_path([aut(H,priv(T,I)),Z],Path1,PathOut).
```

---

[2]SWI-PROLOG ist erhältlich unter http://www.swi-prolog.org

```
48
49   invalid(Z1,cert(X,PX,H,A),Z2,OpenNeg) :-
50       happens(E,Z3),
51       beforeOrEqual(Z1,Z3),
52       beforeOrEqual(Z3,Z4),
53       beforeOrEqual(Z4,Z2),
54       terminates(E,cert(X,PX,H,A),Z4,OpenNeg).
55
56   terminates(end(cert(X,PX,H,A)),cert(X,PX,H,A),_Z,_OpenNeg).
57
58   terminates(revokes(R,PR,cert(X,PX,H,A)),cert(X,PX,H,A),Z,OpenNeg) :-
59       member([aut(R,attrib(pk,PR)),Z],OpenNeg)
60           -> asserta(looped(aut(R,attrib(pk,PR)),Z)), writeln(looped);
61       member([aut(R,priv(cr(X),1)),Z],OpenNeg)
62           -> asserta(looped(aut(R,priv(cr(X),1)),Z)), writeln(looped);
63       (
64           holdsAt(aut(R,attrib(pk,PR)),Z,[],_Path1,[],
65               [[aut(R,attrib(pk,PR)),Z]|OpenNeg]);
66           looped(aut(R,attrib(pk,PR)),Z)
67       ),
68       (
69           holdsAt(aut(R,priv(cr(X),1)),Z,[],_Path2,[],
70               [[aut(R,priv(cr(X),1)),Z]|OpenNeg]);
71           looped(aut(R,priv(cr(X),1)),Z)
72       ).
73
74   add_path(Fluent,Fluents,[Fluent|Fluents]).
75
76   beforeOrEqual(T1,T2) :-
77       nonvar(T1),nonvar(T2),
78       T1 =< T2.
79
80   beforeOrEqual(T1,T2) :-
81       var(T1),nonvar(T2),
82       bagof(E,happens(E,T1),_Es),
83       T1 =< T2.
84
85   beforeOrEqual(T1,T2) :-
86       nonvar(T1),var(T2),
87       bagof(E,happens(E,T2),_Es),
88       T1 =< T2.
89
90   beforeOrEqual(T1,T2) :-
91       var(T1),var(T2),
92       bagof(E1,happens(E1,T1),_E1s),
93       bagof(E2,happens(E2,T2),_E2s),
94       T1 =< T2.
```

8.3 Bedienung des Programms

Schritt 1: Die *Always*- und *Happens*-Atome aus Alices View werden als Tatsachenklauseln in die Wissensbasis von PROLOG hinzugefügt. Auf diese Weise wird das
zu untersuchende Szenario für die Software bereitgestellt. Zum Beispiel:

```
always(aut(a,attrib(pk,pa))).
always(aut(a,priv(ci(pk),2))).

happens(begin(cert(a,pa,x,attrib(pk,px))),0).
happens(begin(cert(a,pa,x,priv(ci(pk),1))),0).
happens(begin(cert(x,px,y,attrib(pk,py))),0).
```

Schritt 2: Als Anfrage stellt man dem Programm eine konkrete Beweisaufgabe wie
zum Beispiel ?- holdsAt(aut(y,attrib(pk,py)),0). Das entspricht der Frage,
ob die Bindung der Entität y an das deskriptive Attribut des Typs pk (öffentlicher
Schlüssel) mit dem Wert py zum Zeitpunkt 0 authentisch ist. Falls PROLOG eine
Ableitung findet, antwortet es mit Yes, andernfalls mit No:

```
?- holdsAt(aut(y,attrib(pk,py)),0).
Yes
```

Außerdem ist es möglich, eine allgemeinere Anfrage zu stellen, wie zum Beispiel:

```
?- holdsAt(aut(Name,Attrib),0).
```

Das entspricht der Frage nach authentischen Bindungen von Name an Attrib, die
zum Zeitpunkt 0 gültig sind. Hierbei sind Name und Attrib Variablen (zu erkennen
an der Großschreibung). In diesem Fall antwortet PROLOG mit den authentischen
Bindungen für den angefragten Zeitpunkt.

Weiterhin ist es möglich, dem Programm eine Anfrage mit variabler Zeitkompo-
nente zu stellen. Ein Beispiel ist die folgende Anfrage:

```
?- holdsAt(aut(Name,Attrib),Z).
```

Dies bedeutet, dass PROLOG für alle Zeitpunkte Z die authentischen Bindungen
von Name an Attrib liefern soll. Die Zeit wird mit Hilfe der reellen Zahlen repräsentiert. Aus diesem Grund wäre eine Antwort auf die Frage nach allen Zeitpunkten,
an welchen ein Attribut authentisch ist, meist unendlich lang.[3] Interessant sind
aber die Zeitpunkte, für die Ereignisse existieren. An allen anderen Zeitpunkten
verändert sich die Gültigkeit von Fluents nicht. Deswegen liefert das Programm bei
einer Anfrage mit variabler Zeit die authentischen Attribut-Benutzer-Bindungen
für die Zeitpunkte der Ereignisse aus Alices View.

Als optionalen dritten Parameter einer Anfrage kann man dem Programm eine
Variable (hier Fluents) übergeben, die mit den zur Ableitung der Authentizi-
tätsanfrage verwendeten Fluents belegt wird. Die Antworten des Programms sind
unterhalb der Anfrage dargestellt:

```
?- holdsAt(aut(Name,Attrib),0,Fluents).

Name = a
Attrib = attrib(pk, pa)
Fluents = [[aut(a, attrib(pk, pa)), 0]] ;

Name = a
Attrib = priv(ci(pk), 2)
Fluents = [[aut(a, priv(ci(pk), 2)), 0]] ;

Name = x
Attrib = attrib(pk, px)
Fluents = [[aut(x, attrib(pk, px)), 0], [aut(a, priv(ci(pk), 1)), 0],
          [aut(a, priv(ci(pk), 2)), 0], [aut(a, attrib(pk, pa)), 0],
          [cert(a, pa, x, attrib(pk, px)), 0]] ;
```

---

[3]Die Gültigkeitsdauer von Zertifikaten ist in der Regel ein zeitliches Intervall.

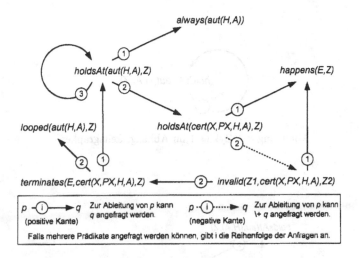

Abbildung 8.1: Abhängigkeitsgraph des PROLOG-Programms

```
Name = y
Attrib = attrib(pk, py)
Fluents = [[aut(y, attrib(pk, py)), 0], [aut(a, priv(ci(pk), 1)), 0],
           [aut(a, priv(ci(pk), 2)), 0], [aut(a, attrib(pk, pa)), 0],
           [cert(a, pa, x, priv(ci(pk), 1)), 0], [aut(x, attrib(pk, px)), 0],
           [aut(a, priv(ci(pk), 1)), 0], [aut(a, priv(ci(pk), 2)), 0],
           [aut(a, attrib(pk, pa)), 0], [cert(a, pa, x, attrib(pk, px)), 0],
           [cert(x, px, y, attrib(pk, py)), 0]] ;


Name = x
Attrib = priv(ci(pk), 1)
Fluents = [[aut(x, priv(ci(pk), 1)), 0], [aut(a, priv(ci(pk), 2)), 0],
           [aut(a, attrib(pk, pa)), 0], [cert(a, pa, x, priv(ci(pk), 1)), 0]] ;
```

8.4 Abhängigkeitsgraph

In Abbildung 8.1 ist der Abhängigkeitsgraph des PROLOG-Programms dargestellt. Mit dessen Hilfe können mögliche Zyklen in der Ableitung identifiziert werden. Der Graph richtet sich nach folgendem Aufbauprinzip:

- Die Knoten des Abhängigkeitsgraphen entsprechen den benutzerdefinierten Prädikaten, die im PROLOG-Programm vorkommen.

- Zeichne eine positive (negative) Kante von Prädikat p nach Prädikat q genau dann, wenn das PROLOG-Programm eine Programmklausel enthält, deren Kopf p enthält und in deren Körper q als positives (negatives) Literal vorkommt.

Der in Abbildung 8.1 dargestellte Abhängigkeitsgraph unterscheidet sich in zwei Details von diesem Aufbauprinzip. Das Prädikat holdsAt kommt zweimal als Knoten vor. Ein Knoten entspricht dem Prädikat holdsAt für Anfragen nach dem Fluent aut. Der

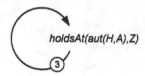

Abbildung 8.2: Zyklus 1 im Abhängigkeitsgraphen

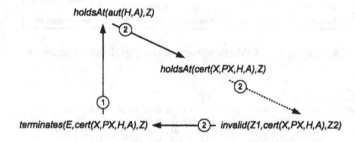

Abbildung 8.3: Zyklus 2 im Abhängigkeitsgraphen

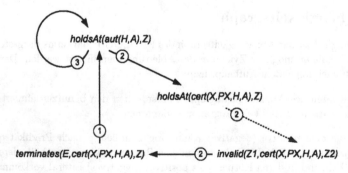

Abbildung 8.4: Zyklus 3 im Abhängigkeitsgraphen

zweite Knoten stellt das Prädikat holdsAt für Anfragen nach dem Fluent cert dar. Diese verfeinerte Darstellung verdeutlicht, welchen Weg ein möglicher Zyklus im Programm nimmt. Für eine übersichtlichere Darstellung wurde das Prädikat beforeOrEqual nicht eingezeichnet. Es realisiert das Prädikatsymbol $\preceq$ (Ordnung von Zeitpunkten). Das Prädikat beforeOrEqual setzt eine Sonderform des systeminternen Prädikats =< um. Es kann nicht in einen Zyklus führen.[4] An Abbildung 8.1 lässt sich erkennen, dass der Abhängigkeitsgraph des PROLOG-Programms drei mögliche Zyklen enthält. Diese sind in den Abbildungen 8.2 - 8.4 dargestellt.

8.5 Erklärung des Programms

Zeilen 1 - 2:

```
1   :- dynamic looped/2.
2
```

Das Prädikat looped/2 wird als dynamisches Prädikat deklariert. Das bedeutet, dass während der Laufzeit des Programms looped/2 Prädikate als Tatsachen zur Wissensbasis von PROLOG hinzugefügt und entfernt werden können. Dieses Prädikat wird wie eine globale Variable verwendet.

Zeilen 3 - 8:

```
3   holdsAt(F,Z) :- holdsAt(F,Z,_Path).
4
5   holdsAt(F,Z,Path) :-
6       retractall(looped(_,_)),
7       holdsAt(F,Z,[],Path,[],[]).
8
```

Das Prädikat holdsAt/2 ermöglicht eine Benutzeranfrage ohne Ausgabe der zur Ableitung verwendeten Fluents (Pfad der Ableitung). holdsAt/2 ruft das Prädikat holdsAt/3 auf und gibt als Pfad alle beliebigen Pfade _Path (gekennzeichnet durch _) vor. Das Prädikat holdsAt/3 bereitet die weitere Ableitung vor.

Als Vorbereitung für den Hauptteil des Programmlaufs werden alle existierenden looped/2 Prädikate aus der Wissensbasis gelöscht (Zeile 6). Danach wird das Prädikat holdsAt/6 angefragt. Im Programm existieren vier Klauseln zur Ableitung dieses Prädikats. Sie entsprechen den Axiomen (AAI1), (AAI6), (AAI7) und (AAI8). holdsAt/3 startet den Hauptteil der Ableitung durch Aufruf von holdsAt/6 mit diesen Parametern:

Fluent: F - Der Fluent, der auch in holdsAt/3 angegeben wurde.

Zeitpunkt: Z - Der Zeitpunkt, der auch in holdsAt/3 angegeben wurde.

PathIn: [] - Wird auf die leere Liste gesetzt. Das bedeutet, dass vor diesem Aufruf keine Fluents abgeleitet wurden. Der bisherige Pfad der Ableitung ist leer.

PathOut: Path - Die Variable, die auch in holdsAt/3 angegeben wurde. Nach einer erfolgreichen Ableitung enthält diese Variable den Pfad der Ableitung.

---

[4]Details hierzu finden sich im folgenden Abschnitt 8.5 (Programmzeilen 74 - 94).

OpenPos: [] - Wird auf die leere Liste gesetzt.

OpenNeg: [] - Wird auf die leere Liste gesetzt.

Zeilen 9 - 13:

```
 9   holdsAt(aut(H,A),Z,PathIn,PathOut,_OpenPos,_OpenNeg) :-
10       always(aut(H,A)),
11       beforeOrEqual(0,Z),
12       add_path([aut(H,A),Z],PathIn,PathOut).
13
```

Dieser Programmabschnitt entspricht dem Axiom (AAI1). Er ermöglicht die Ableitung des Prädikats holdsAt(aut(H,A),Z), falls ein passendes always(aut(H,A)) Prädikat in der Wissensbasis (Alices View) enthalten ist und der Zeitpunkt 0 kleiner oder gleich dem angefragten Zeitpunkt Z ist (Zeilen 10 und 11). Die weiteren Argumente von holdsAt/6 realisieren die Protokollierung der zur Ableitung verwendeten Fluents (PathIn, PathOut) und das Erkennen von Zyklen (OpenPos, OpenNeg). Die vorliegende Programmklausel kann nicht in einen Zyklus führen (vgl. Abhängigkeitsgraph in Abbildung 8.1). Deswegen werden für OpenPos und OpenNeg alle beliebigen Belegungen zugelassen.

Bei einem Aufruf von holdsAt/6 wird PathIn auf die Liste der Fluents gesetzt, deren Gültigkeitsableitung zu diesem Aufruf geführt hat (beim Aufruf des Programms durch den Benutzer ist das die leere Liste [], vgl. Abschnitt zuvor). Ist der holdsAt/6-Aufruf erfolgreich, werden die zur Ableitung verwendeten Fluents an die Liste der Fluents aus PathIn angefügt. Anschließend wird die erweiterte Liste mit der Variablen PathOut unifiziert. Das Prädikat add_path/3 (Zeile 12) übernimmt diese Aufgabe. Im vorliegenden Fall wird [aut(H,A),Z] in die Pfad-Liste aufgenommen, falls die Ableitung erfolgreich war. Diese Technik der Pfadprotokollierung mit Hilfe zweier Argumente wird als *Accumulator Pair* Ansatz bezeichnet.

Zeilen 14 - 19:

```
14   holdsAt(cert(X,PX,H,A),Z2,PathIn,PathOut,_OpenPos,OpenNeg) :-
15       happens(begin(cert(X,PX,H,A)),Z1),
16       beforeOrEqual(Z1,Z2),
17       \+ invalid(Z1,cert(X,PX,H,A),Z2,OpenNeg),
18       add_path([cert(X,PX,H,A),Z2],PathIn,PathOut).
19
```

Diese Programmklausel realisiert das Axiom (AAI2). Die Gültigkeit des Zertifikats cert(X,PX,H,A) lässt sich für den Zeitpunkt Z2 ableiten (Kopf der Programmklausel), falls

- an einem Zeitpunkt Z1 der Gültigkeitsbeginn des Zertifikats eintritt (Zeile 15) und

- der Zeitpunkt Z1 kleiner oder gleich dem Zeitpunkt Z2 ist (Zeile 16) und

- das Zertifikat cert(X,PX,H,A) nicht im Zeitraum von Z1 bis Z2 ungültig wird (Zeile 17).

Die Argumente `PathIn` und `PathOut` werden wie im Abschnitt zuvor als Accumulator Pair zur Pfadprotokollierung verwendet. Das gilt genauso für die restlichen `holdsAt/6`-Programmklauseln. Aus diesem Grund wird die Pfadprotokollierung im Folgenden nicht mehr im Detail beschrieben.

Am Abhängigkeitsgraphen in Abbildung 8.1 ist ersichtlich, dass ausgehend von `holdsAt(cert(X,PX,H,A),Z2)` kein Zyklus entstehen kann, der sich ausschließlich über positive Kanten erstreckt (Zyklus 1). Deswegen wird für den Parameter `OpenPos` jede beliebige Belegung zugelassen. Die Variable `OpenPos` wird im Körper der Programmklausel nicht verwendet. Es ist aber möglich, dass ein Zyklus über `invalid/4` entsteht (Zyklus 2 und 3). Ein solcher Zyklus durchläuft die Negation `\+`. Um diese Ableitungszyklen später im Programm zu erkennen, wird die Variable `OpenNeg` unverändert als Parameter an `invalid/4` übergeben (Zeile 17).

Zeilen 20 - 29:

```
20  holdsAt(aut(H,attrib(T,V)),Z,PathIn,PathOut,OpenPos,OpenNeg) :-
21      member([aut(H,attrib(T,V)),Z],OpenPos) -> fail;
22      holdsAt(cert(X,PX,H,attrib(T,V)),Z,PathIn,Path1,
23          [[aut(H,attrib(T,V)),Z]|OpenPos],OpenNeg),
24      holdsAt(aut(X,attrib(pk,PX)),Z,Path1,Path2,
25          [[aut(H,attrib(T,V)),Z]|OpenPos],OpenNeg),
26      holdsAt(aut(X,priv(ci(T),1)),Z,Path2,Path3,
27          [[aut(H,attrib(T,V)),Z]|OpenPos],OpenNeg),
28      add_path([aut(H,attrib(T,V)),Z],Path3,PathOut).
29
```

Dieser Abschnitt realisiert das Axiom (AAI6). Die Bindung des deskriptiven Attributs `attrib(T,V)` an den Teilnehmer `H` ist zum Zeitpunkt `Z` authentisch (Kopf der Programmklausel), falls

- zum Zeitpunkt `Z` ein Zertifikat `cert(X,PX,H,attrib(T,V))` für dieses Attribut gültig ist (Zeile 22) und

- zum Zeitpunkt `Z` der Schlüssel `PX` der authentische öffentliche Schlüssel des Zertifikat-Ausstellers `X` ist (Zeile 24) und

- zum Zeitpunkt `Z` der Zertifikat-Aussteller `X` das Privileg zum Ausstellen von Zertifikaten für den Attributtyp `T` besitzt (Zeile 26).

Die restlichen Teile dieser Programmklausel betreffen das Erkennen von Zyklen. In der Klausel befindet sich eine Abbruchbedingung für Zyklen, die im Abhängigkeitsgraphen in Abbildung 8.1 ausschließlich über positive Kanten laufen (Zyklus 1). Um diesen Zyklus zu erkennen wird bei jedem Aufruf von `holdsAt/6` die Liste der offenen (gerade in Ableitung befindlichen) `holdsAt/6` Anfragen um die aktuelle Anfrage erweitert: `[[aut(H,attrib(T,V)),Z]|OpenPos]` (Zeilen 23, 25, 27). Für untergeordnete `holdsAt/6`-Ableitungen (die Ableitungen, die auf die Anfragen der Zeilen 22, 24 und 26 folgen) ist somit die aktuelle Anfrage als offen bekannt. Das bedeutet, dass die Variable `OpenPos` eine Liste der vor dem aktuellen Aufruf angefragten und noch offenen `holdsAt/6`-Ableitungen für aut-Fluents enthält.

Ein Zyklus wird erkannt, falls die aktuell zu bearbeitende Anfrage bereits in der Liste der noch offenen Anfragen enthalten ist (Zeile 21). In diesem Fall, antwortet holdsAt/6 mit fail. Von nun an würde sich genau die Ableitung wiederholen, die das Programm zum aktuellen Aufruf geführt hat. Durch den Abbruch mit fail versucht PROLOG einen alternativen Pfad zur Ableitung zu finden.

Zeilen 30 - 41:

```
30  holdsAt(aut(H,priv(T,I)),Z,PathIn,PathOut,OpenPos,OpenNeg) :-
31      member([aut(H,priv(T,I)),Z],OpenPos) -> fail;
32      holdsAt(cert(X,PX,H,priv(T,J)),Z,PathIn,Path1,
33          [[aut(H,priv(T,I)),Z]|OpenPos],OpenNeg),
34      between(1,J,I),
35      holdsAt(aut(X,attrib(pk,PX)),Z,Path1,Path2,
36          [[aut(H,priv(T,I)),Z]|OpenPos],OpenNeg),
37      K is I + 1,
38      holdsAt(aut(X,priv(T,K)),Z,Path2,Path3,
39          [[aut(H,priv(T,I)),Z]|OpenPos],OpenNeg),
40      add_path([aut(H,priv(T,I)),Z],Path3,PathOut).
41
```

Dieser Abschnitt realisiert das Axiom (AAI7). Die Bindung des Privilegs priv(T,I) an den Teilnehmer H ist zum Zeitpunkt Z authentisch (Kopf der Programmklausel), falls

- zum Zeitpunkt Z ein Zertifikat cert(X,PX,H,priv(T,J)) für Teilnehmer H gültig ist (Zeile 32) und

- die angefragte Delegationsstufe I größer oder gleich 1 und kleiner oder gleich der Delegationsstufe J des im Zertifikat bescheinigten Privilegs ist (Zeile 34) und

- zum Zeitpunkt Z der Schlüssel PX der authentische öffentliche Schlüssel des Zertifikat-Ausstellers X ist (Zeile 35) und

- zum Zeitpunkt Z der Zertifikat-Aussteller X das gleiche Privileg mit der höheren Delegationsstufe K is I + 1 (Zeilen 37 und 38) besitzt.

Die restlichen Bestandteile entsprechen der Programmklausel aus dem Abschnitt zuvor (Zeilen 20 - 29). Das Erkennen von Zyklen, die im Abhängigkeitsgraphen nur über positive Kanten verlaufen (Zyklus 1), geschieht nach dem bereits vorgestellten Prinzip (OpenPos-Liste).

Zeilen 42 - 48:

```
42  holdsAt(aut(H,priv(T,I)),Z,PathIn,PathOut,OpenPos,OpenNeg) :-
43      nonvar(I),
44      holdsAt(aut(H,priv(T,J)),Z,PathIn,Path1,OpenPos,OpenNeg),
45      (I < J),
46      (0 < I),
47      add_path([aut(H,priv(T,I)),Z],Path1,PathOut).
48
```

Dieser Programmabschnitt setzt das Axiom (AAI8) um. Die Bindung des Privilegs priv(T,I) an den Teilnehmer H ist zum Zeitpunkt Z authentisch (Kopf der Programmklausel), falls

- die angefragte Delegationsstufe I ein konkreter Wert und keine Variable ist (Zeile 43) und

- zum Zeitpunkt Z der Teilnehmer H das gleiche Privileg mit der Delegationsstufe J besitzt (Zeile 44) und

- die angefragte Delegationsstufe I kleiner als die Delegationsstufe J ist (Zeile 45) und

- die Delegationsstufe 0 kleiner als I ist (Zeile 46).

Die Programmzeile 43 bewirkt, dass sich die Programmklausel nicht selbst rekursiv aufruft (über Zeile 44). In Abschnitt 8.8 wird dargelegt, dass dies keine Einschränkung des Programms gegenüber den Axiomen des AAI-Modells ist. Die Variablen OpenPos und OpenNeg werden unverändert an den untergeordneten Aufruf von holdsAt/6 weitergereicht. Diese Programmklausel enthält keine Abbruchbedingung für Zyklen. Falls eine Anfrage von holdsAt(aut(H,priv(T,I)),Z) ausgehend von diesem Programmabschnitt in einen Zyklus führt, muss als unmittelbar nächster Aufruf eine Anwendung der Programmklausel aus Zeile 30 folgen (Axiom (AAI7)). Die Abbruchbedingung für Zyklen in Zeile 31 reicht deswegen aus. Ausgehend vom vorliegenden Programmabschnitt können sich keine anderen Zyklen ergeben.

Zeilen 49 - 55:

```
49    invalid(Z1,cert(X,PX,H,A),Z2,OpenNeg) :-
50        happens(E,Z3),
51        beforeOrEqual(Z1,Z3),
52        beforeOrEqual(Z3,Z4),
53        beforeOrEqual(Z4,Z2),
54        terminates(E,cert(X,PX,H,A),Z4,OpenNeg).
55
```

Diese Programmklausel realisiert das Axiom (AAI3). Der Zertifikat-Fluent cert(X,PX,H,A) wird während des Zeitraums von Z1 bis Z2 ungültig (Kopf der Programmklausel), falls

- ein Ereignis E zum Zeitpunkt Z3 eintritt (Zeile 50) und

- falls der Zeitpunkt Z1 kleiner oder gleich dem Zeitpunkt Z3 ist (Zeile 51) und

- falls der Zeitpunkt Z3 kleiner oder gleich dem Zeitpunkt Z4 ist (Zeile 52) und

- falls der Zeitpunkt Z4 kleiner oder gleich dem Zeitpunkt Z2 ist (Zeile 53) und

- das Ereignis E zum Zeitpunkt Z4 einen terminierenden Effekt auf den Zertifikat-Fluent cert(X,PX,H,A) hat (Zeile 54).

Am Abhängigkeitsgraphen in Abbildung 8.1 ist ersichtlich, dass diese Klausel im Programmlauf ausschließlich durch das Prädikat holdsAt(cert(X,PX,H,A),Z) unter Einsatz der Negation \+ aufgerufen wird (Zeile 17). Deswegen kann dieser Programmabschnitt nicht in einem Zyklus vorkommen, der nur über positive Kanten verläuft. Darum kommt die Variable OpenPos hier nicht vor. Um andere Zyklen (Zyklus 2 und 3) im folgenden Programmabschnitt zu erkennen, wird die Variable OpenNeg in Zeile 54 unverändert an terminates/4 weitergereicht.

Zeilen 56 - 73:

```
56  terminates(end(cert(X,PX,H,A)),cert(X,PX,H,A),_Z,_OpenNeg).
57
58  terminates(revokes(R,PR,cert(X,PX,H,A)),cert(X,PX,H,A),Z,OpenNeg) :-
59      member([aut(R,attrib(pk,PR)),Z],OpenNeg)
60      -> asserta(looped(aut(R,attrib(pk,PR)),Z)), writeln(looped);
61      member([aut(R,priv(cr(X),1)),Z],OpenNeg)
62      -> asserta(looped(aut(R,priv(cr(X),1)),Z)), writeln(looped);
63      (
64          holdsAt(aut(R,attrib(pk,PR)),Z,[],_Path1,[],
65              [[aut(R,attrib(pk,PR)),Z]|OpenNeg]);
66          looped(aut(R,attrib(pk,PR)),Z)
67      ),
68      (
69          holdsAt(aut(R,priv(cr(X),1)),Z,[],_Path2,[],
70              [[aut(R,priv(cr(X),1)),Z]|OpenNeg]);
71          looped(aut(R,priv(cr(X),1)),Z)
72      ).
73
```

Dieser Abschnitt realisiert die Axiome (AAI4) und (AAI5). Das Gültigkeitsende-Ereignis end(cert(X,PX,H,A)) hat auf den Zertifikat-Fluent cert(X,PX,H,A) an allen Zeitpunkten einen terminierenden Effekt (Zeile 56). Ausgehend von dieser Programmklausel kann kein Zyklus entstehen, weil die Klausel eine Tatsachenklausel ist.

Das Rückrufereignis revokes(R,PR,cert(X,PX,H,A)) hat zum Zeitpunkt Z einen terminierenden Effekt auf den Zertifikat-Fluent cert(X,PX,H,A) (Zeile 58), falls

- zum Zeitpunkt Z der Schlüssel PR der authentische öffentliche Schlüssel des Rückruf-Ausstellers R ist (Zeile 64) und

- zum Zeitpunkt Z der Rückruf-Aussteller R das Privileg zum Rückruf von Zertifikaten des Ausstellers X mit der Delegationsstufe 1 besitzt (Zeile 69).

Die restlichen Programmzeilen dieser Klausel haben die Aufgabe, Zyklen zu erkennen, die im Abhängigkeitsgraphen in Abbildung 8.1 durch die Negation \+ verlaufen (Zyklus 2 oder 3). Zu diesem Zweck wird im Programm die Variable OpenNeg (ähnlich wie OpenPos) von Aufruf zu Aufruf weitergereicht. Zu Beginn einer Ableitung wird diese Variable mit der leeren Liste [] (Zeile 7, nach der Anfrage des Benutzers) vorbelegt. Nur die vorliegende Programmklausel nimmt Fluents in diese Liste auf. Liegt ein Rückruf vor, wird in den Zeilen 64 und 69 das Prädikat holdsAt/6 aufgerufen. Um Zyklen zu erkennen wird die OpenNeg Liste um den jeweils angefragten Fluent erweitert. In Zeile 64 ist dies der Fluent aut(R,attrib(pk,PR)). In Zeile 69 handelt es sich um den Fluent aut(R,priv(cr(X),1)). Die erweiterte OpenNeg-Liste wird als Argument der jeweiligen holdsAt/6-Anfrage übergeben (Zeilen 65 und 70). Somit ist allen untergeordneten Anfragen bekannt, welche aut-Fluents durch terminates/4 - also unterhalb der Negation - aufgerufen wurden und noch offen (noch abzuleiten) sind.

Für die Unabhängigkeit dieser Zykluserkennung und der Zykluserkennung mit Hilfe der OpenPos-Liste (Zeilen 21 und 31) ist entscheidend, dass die OpenPos-Liste bei beiden holdsAt/6-Aufrufen auf die leere Liste [] gesetzt wird (Zeilen 64 und 69, 5. Argument). Das bedeutet, dass die Zykluserkennung der Zeilen 21 und 31 nicht über die Negation hinausreicht.[5] Unterhalb von terminates/4 wird eine neue, leere OpenPos-Liste eröffnet. Die Programmklauseln in den Zeilen 20 und 30 tragen ihre Ableitungsziele weiterhin in diese neue OpenPos-Liste ein. Das bewirkt, dass Zyklen, die nur über positive Kanten verlaufen, auch unterhalb der Negation erkannt werden.

Zurück zur Beschreibung der Zykluserkennung mit Hilfe der OpenNeg-Liste. Alle Aufrufe unterhalb der holdsAt/6-Anfragen in Zeilen 64 und 69 kennen die offenen, von terminates/4 ausgelösten Gültigkeitsableitungen für aut-Fluents. In den Zeilen 59 und 61 der vorliegenden Programmklausel wird *vor* dem Aufruf der beiden holdsAt/6-Anfragen geprüft, ob eines der Ableitungsziele dieser beiden Anfragen in der OpenNeg-Liste enthalten ist. Ist das der Fall, so ist die aktuelle Ableitung von terminates/4 einer anderen terminates/4-Ableitung untergeordnet, die noch offen (noch unbeantwortet) ist. Angenommen, die übergeordnete terminates/4-Ableitung hat die holdsAt/6-Ableitung h durch einen Eintrag in die OpenNeg-Liste als offen gekennzeichnet. In einer untergeordneten terminates/4-Ableitung wird erkannt, dass die holdsAt/6-Anfrage für h nun wiederholt angefragt werden muss. An dieser Stelle steht fest, dass die Ableitung in einen Zyklus führen wird: Die Anfrage der übergeordneten terminates/4-Ableitung gleicht der Anfrage, die in der untergeordneten terminates/4-Ableitung gestellt werden soll. Wird die zweite Anfrage nicht verhindert, nimmt die Ableitung den gleichen Weg, der zur untergeordneten terminates/4-Anfrage geführt hat und gelangt bei einer dritten holdsAt/6-Anfrage für h an. Es liegt ein Zyklus vor. Dieses Kriterium zur Zykluserkennung gilt für beide durch terminates/4 ausgelösten holdsAt/6-Anfragen.

Genau in den Fällen, für die ein Zyklus über die Negation vorliegt, ist die Voraussetzung des Satzes 7.1 zur Widerspruchsfreiheit der Formeln des AAI-Modells nicht gegeben (vgl. Abschnitt 7.10): Es liegt ein Rückruf vor, der sich auf ein Zertifikat bezieht, das zur Authentifizierung oder zur Autorisierung des Rückrufs verwendet wird. Das Programm zeigt dies durch die Meldung looped an (siehe nächster Absatz). Es würde an dieser Stelle ausreichen, die Ableitung abzubrechen. Das Programm versucht aber, die Ableitung fortzusetzen und hierbei das betroffene[6] Zertifikat auszuschließen, indem es dieses als ungültig bewertet. Dazu wird wie folgt vorgegangen:

Wird ein Zyklus in einer (untergeordneten) terminates/4-Ableitung erkannt, wird das dynamische Prädikat looped/2 in die Wissensbasis von PROLOG aufgenommen und dabei wie folgt belegt:

---

[5]Deren Aufgabe war es, Zyklen zu erkennen, die ausschließlich über positive Kanten im Abhängigkeitsgraphen verlaufen (Zyklus 1).

[6]Das Zertifikat, für das ein Rückruf existiert, der mit Hilfe dieses Zertifikats authentifiziert bzw. autorisiert wird.

- Falls die Anfrage nach holdsAt(aut(R,attrib(pk,PR)),Z) in einen Zyklus führt (Zeile 59), wird das Prädikat looped(aut(R,attrib(pk,PR)),Z) in die Wissensbasis aufgenommen und dem Benutzer die Meldung looped angezeigt (Zeile 60). Die aktuelle (untergeordnete) terminates/4-Anfrage wird positiv beantwortet.[7]

- Falls die Anfrage nach holdsAt(aut(R,priv(cr(X),1)),Z) in einen Zyklus führt (Zeile 61), wird das Prädikat looped(aut(R,priv(cr(X),1)),Z) in die Wissensbasis aufgenommen und dem Benutzer die Meldung looped angezeigt (Zeile 62). Die aktuelle (untergeordnete) terminates/4-Anfrage wird positiv beantwortet.

Damit steht fest, wie eine untergeordnete terminates/4-Anfrage beim Erkennen eines Zyklus reagiert. Der betroffene Ableitungspfad wird unterbrochen und ein looped/2 Prädikat wird in die Wissensbasis als Kennzeichen aufgenommen. Die übergeordnete terminates/4-Anfrage (die Anfrage, die den Zyklus durch eine holdsAt/6-Anfrage ausgelöst hat) reagiert wie folgt auf den Zyklusabbruch:

In den Programmzeilen 66 und 71 wird das Prädikat looped/2 disjunktiv mit der jeweiligen holdsAt/6-Anfrage verknüpft (die Anfrage, die einen Zyklus durch die Negation auslösen kann). Das Vorgehen wird an den Zeilen 64 - 66 erklärt. Zuerst wird immer holdsAt(aut(R,attrib(pk,PR)),Z) angefragt. Führt diese Anfrage in einen Zyklus, wird looped(aut(R,attrib(pk,PR)),Z) in die PROLOG-Wissensbasis aufgenommen. Somit kann nach dem holdsAt(aut(R,attrib(pk,PR)),Z)-Aufruf erkannt werden, dass die Anfrage in einen Zyklus geführt hat. In der Zeile 66 wird deswegen überprüft, ob ein passendes looped/2-Prädikat in der Wissensbasis vorkommt (d. h. es wird geprüft, ob ein Zyklus vorlag). Die Zeilen 64 - 66 werden insgesamt als wahr bewertet, wenn entweder holdsAt(aut(R,attrib(pk,PR)),Z) wahr ist oder looped(aut(R,attrib(pk,PR)),Z) wahr ist. Auf diese Weise wird erreicht, dass die Prüfung der Schlüsselauthentizität (Zeilen 64 - 66) bzw. des Rückruf-Privilegs (Zeilen 69 - 71) jeweils als wahr bewertet wird, falls die zugehörigen Ableitungen in einen Zyklus durch die Negation (Zyklus 2 und 3) laufen. Die Bewertung wird auf wahr gesetzt, weil die Negation \+ (Zeile 17) damit als falsch bewertet wird. Somit wird das betroffene Zertifikat als ungültig angesehen. Dieses Vorgehen entspricht dem Entfernen der Ereignisse dieses Zertifikats aus Alices View.

Zeile 74 - 94:

```
74   add_path(Fluent,Fluents,[Fluent|Fluents]).
75
76   beforeOrEqual(T1,T2) :-
77        nonvar(T1),nonvar(T2),
78        T1 =< T2.
79
80   beforeOrEqual(T1,T2) :-
81        var(T1),nonvar(T2),
82        bagof(E,happens(E,T1),_Es),
83        T1 =< T2.
```

---

[7]Es wäre auch möglich mit fail zu antworten, denn es ist unklar, in welcher Rekursionstiefe der Zyklusabbruch stattfindet. Deswegen ist nicht klar, ob die Rückgabe true eine gerade oder eine ungerade Anzahl von Negationen durchläuft. Somit lässt sich an dieser Stelle nicht bestimmen, wie die übergeordnete holdsAt/6-Anfrage beantwortet wird.

```
84
85   beforeOrEqual(T1,T2) :-
86       nonvar(T1),var(T2),
87       bagof(E,happens(E,T2),_Es),
88       T1 =< T2.
89
90   beforeOrEqual(T1,T2) :-
91       var(T1),var(T2),
92       bagof(E1,happens(E1,T1),_E1s),
93       bagof(E2,happens(E2,T2),_E2s),
94       T1 =< T2.
```

Die Programmzeile 74 wird zur Pfadprotokollierung verwendet. Innerhalb aller holdsAt/6-Programmklauseln wird add_path/3 als letztes Prädikat aufgerufen. Es übernimmt die Aufgabe, einen erfolgreich abgeleiteten Fluent an die Liste Fluents anzufügen. Das dritte Argument liefert als Ergebnis die erweiterte Liste. Die Programmzeile stellt die Tatsachenklausel für das Accumulator Pair PathIn und PathOut dar.

Die restlichen Programmklauseln (Zeilen 76 - 94) setzen das Prädikatsymbol $\preceq$ (zeitliche Ordnung) im Programm um. Als Zeitpunkte werden die reellen Zahlen verwendet. Die zeitliche Ordnung entspricht der Ordnungsrelation $\leq$ auf den reellen Zahlen. Diese Relation ist in PROLOG durch das vordefinierte Prädikat =</2 realisiert. Die vier Programmklauseln für beforeOrEqual/2 verwenden jeweils dieses Prädikat (Zeilen 78, 83, 88, 94) um die Ordnung von zwei Zeitpunkten zu bestimmen. Die Aufteilung von beforeOrEqual/2 auf vier Programmklauseln hat das Ziel, auch Anfragen für variable Zeitpunkte beantworten zu können. Es werden vier Fälle unterschieden:

nonvar(T1), nonvar(T2): Die erste Klausel (Zeilen 76 - 78) ist für den Fall zuständig, bei dem die Ordnung von zwei konstanten Zeitpunkten geprüft wird. Die Variablen T1 und T2 müssen bei einem Aufruf instanziiert sein (Zeile 77). In diesem Fall kann das Prädikat =</2 direkt auf die Zeitpunkte T1 und T2 angewandt werden (Zeile 78).

var(T1), nonvar(T2): Die zweite Klausel (Zeilen 80 - 83) behandelt den Fall, bei dem T1 unbelegt ist und T2 instanziiert ist (Zeile 81). Für die unbelegte Variable T1 werden alle Zeitpunkte eingesetzt, an denen ein Ereignis stattfindet (Zeile 82). Auf diese Weise wird erreicht, dass das Prädikat beforeOrEqual/2 mit T1 als Variable angefragt werden kann und die Antwort auf eine solche Anfrage endlich viele Antworten liefert. Es werden die Zeitpunkte aller Ereignisse als Werte für die freie Variable verwendet, weil sich nur zu diesen Zeitpunkten die Gültigkeit von Fluents verändern kann. Alle diese Zeitpunkte werden mit Hilfe von =</2 mit dem konkreten Wert in T2 verglichen (Zeile 83).

nonvar(T1), var(T2): Dieser Fall entspricht dem Fall zuvor. Hier sind die Rollen von T1 und T2 vertauscht.

var(T1), var(T2): In diesem Fall sind beide Variablen T1 und T2 unbelegt. Es werden für beide Variablen alle Kombinationen der Zeitpunkte eingesetzt, an denen ein Ereignis eintritt (Zeilen 92 und 93). Diese Zeitpunkte werden mit Hilfe von =</2 verglichen (Zeile 94).

Die vier Fälle decken alle Belegungen von beforeOrEqual/2 mit instanziierten und unbelegten Variablen ab. Das Ergebnis hängt in allen vier Fällen von der Bewertung des Prädikats =</2 ab. Damit entspricht beforeOrEqual/2 dem Prädikatsymbol $\preceq$.

8.6 Termination

Alices View enthält eine endliche Anzahl von *Always-* und *Happens-*Atomen, die in PROLOG als Tatsachenklauseln aufgenommen werden. Sind alle Tatsachenklauseln durch das Programm abgearbeitet, terminiert der Programmlauf. Deswegen können nur Zyklen in der Ableitung das Terminieren des Programms verhindern.

Behauptung 8.1. Das vorgestellte PROLOG-Programm terminiert.

Beweis. Am Abhängigkeitsgraphen in Abbildung 8.1 lässt sich erkennen, dass alle drei möglichen Zyklen (vgl. Abbildungen 8.2 - 8.4) über das Prädikat holdsAt(aut(H,A),Z) verlaufen. Im Programm wird mit Hilfe der OpenPos- und OpenNeg-Listen über alle Anfragen dieses Prädikats Protokoll geführt. Angenommen, es liegt einer der drei Zyklen vor. In einem Zyklus wiederholt sich eine bestimmte Sequenz von Anfragen. Das bedeutet, dass sich auch die holdsAt(aut(H,A),Z)-Anfrage wiederholt, weil sie in jedem möglichen Zyklus vorkommt. Diese Wiederholungen werden durch das PROLOG-Programm erkannt (Zeilen 21, 31 und 59, 61) und unterbrochen. Das Programm terminiert, weil alle möglichen Zyklen erkannt und unterbrochen werden. □

8.7 Korrektheit der SLDNF-Ableitung

PROLOG verwendet die SLDNF-Ableitungstechnik (vgl. [48] bzw. [49]). Im Folgenden wird der Korrektheitssatz der SLDNF-Ableitung vorgestellt. Dieser Satz besagt, dass jede von PROLOG mit Hilfe der SLDNF-Ableitungstechnik gelieferte Antwort eine korrekte Antwort in Bezug auf die Vervollständigung des Programms ist. Dieses Ergebnis wurde erstmals von Clark [9] vorgestellt. Die hier angegebene Version des Satzes stammt aus [49, S. 74]. Zunächst folgen einige Definitionen zum Begriff der Substitution (entnommen aus [33]).

Definition 8.1 (Substitution). Eine *Substitution* θ ist eine endliche Menge der Form $\{v_1/t_1, \ldots, v_n/t_n\}$, wobei jedes v_i eine Variable und jedes t_i ein Term ist, der von v_i verschieden ist. Die Variablen $v_1, \ldots, v_n$ sind ebenfalls verschieden.

Beispiel 8.1. Gegeben ist die Formel $F = P(x, y, f(a))$ und die Substitution $\theta = \{x/b, y/x\}$. Dann ist $F\theta = P(b, x, f(a))$.

Definition 8.2 (Berechnete Antwortsubstitution). Sei N ein normales Programm und G eine normale Zielklausel. Eine *berechnete Antwortsubstitution* θ für $N \cup \{G\}$ ist die Substitution, die man erhält, indem man die Komposition $\theta_1, \ldots, \theta_n$ auf die Variablen von G beschränkt. Hierbei ist $\theta_1, \ldots, \theta_n$ die Sequenz der Substitutionen, die bei der SLDNF-Widerlegung von $N \cup \{G\}$ verwendet werden.

Einige Beispiele und weitere Begriffe zu Substitutionen finden sich in [33, S. 20ff].

Satz 8.1 (Korrektheit der SLDNF-Ableitung). Ist N ein normales Programm und $\leftarrow L_1, \ldots, L_n$ eine normale Zielklausel, dann gilt:

- Wenn $\leftarrow L_1, \ldots, L_n$ eine berechnete Antwortsubstitution θ hat, dann:

$$Comp(N) \models \forall(L_1\theta \wedge \ldots \wedge L_n\theta)$$

- Wenn $\leftarrow L_1, \ldots, L_n$ einen endlichen und fehlgeschlagenen SLDNF-Baum hat, dann:

$$Comp(N) \models \forall(\neg(L_1 \wedge \ldots \wedge L_n))$$

Beweis. Siehe Theorem 15.6 in [33, S. 92ff]. □

8.8 Vervollständigung des Programms

Um die Korrektheit des PROLOG-Programms zu zeigen, wird die Vervollständigung des Programms betrachtet. Dazu wird das Programm von den Teilen befreit, die für die Zykluserkennung und die Pfadprotokollierung zuständig sind. Das ist notwendig, weil in diesen Programmteilen PROLOG-Kontrollkonstrukte verwendet werden, die keine Entsprechung in der Prädikatenlogik haben. Das Programm wird in vier disjunkte Teile eingeteilt:

- Die Programmzeilen 21 und 31 sind für die Erkennung von Zyklen zuständig, die im Abhängigkeitsgraphen in Abbildung 8.1 nur über positive Kanten laufen (Zyklus 1). Dieser Programmteil wird mit P_{pos} bezeichnet.

- Die Programmzeilen 1, 59 - 62, 66 und 71 sind für die Erkennung von Zyklen zuständig, die im Abhängigkeitsgraphen in Abbildung 8.1 auch über negative Kanten laufen (Zyklus 2 und 3). Dieser Programmteil wird mit P_{neg} bezeichnet.

- Die Programmzeilen 3 - 8 vereinfachen Benutzeranfragen. Sie haben keinen Einfluss auf den Hauptteil des Programms. Dieser Programmteil wird mit P_{user} bezeichnet.

- In den restlichen Programmzeilen befindet sich das Hauptprogramm. Dieser Programmteil wird mit P_{main} bezeichnet.

Vor einem Programmlauf werden always/1 und happens/2 Tatsachenklauseln aus Alices View zum Programm hinzugefügt. Dieser Programmabschnitt wird mit P_{view} bezeichnet. Er hat die folgende Form:

```
1v   always(aut(h1,a1)).
2v   % ...
3v   always(aut(hn,an)).
4v
5v   happens(e1,z1).
6v   % ...
7v   happens(em,zm).
```

Das PROLOG-Programm P zur Attribut-Authentifizierung entspricht somit:

$$P = P_{main} \cup P_{user} \cup P_{pos} \cup P_{neg} \cup P_{view}$$

Das Ziel ist nun, die Vervollständigung des Hauptprogramms $P_{main} \cup P_{view}$ anzugeben. Dazu sind einige Vorbereitungsschritte nötig. Sie haben die Aufgabe, den angegebenen Quellcode von Bestandteilen zu befreien, die bei der unabhängigen Betrachtung[8] von $P_{main} \cup P_{view}$ keine Rolle spielen. Das Programm P_{main} enthält Bestandteile, die bei der Zykluserkennung und der Pfadprotokollierung verwendet werden. Dazu zählen zum Beispiel die Aufrufe des Prädikats add_path/3 und die Variablen OpenPos, OpenNeg, PathIn und PathOut. Diese Bestandteile werden zur Vereinfachung im Folgenden nicht angegeben.

Außerdem enthält das Hauptprogramm vier Prädikate, die keine unmittelbare Entsprechung im AAI-Modell haben. Dies sind:

- (Zeilen 11, 16, 51 - 53) beforeOrEqual/2 realisiert eine Sonderform von =</2, die auch Anfragen mit uninstanziierten Variablen zulässt (vgl. Abschnitt 8.5, Programmzeilen 74 - 94).

- (Zeile 34) between(1,J,I) wird als wahr bewertet, falls $1 \leq I \leq J$.

- (Zeile 37) K is I + 1 entspricht der Berechnung von K nach der Gleichung $K = I + 1$.

- (Zeile 43) nonvar(I) ist ein Kontrollkonstrukt, das als wahr bewertet wird genau dann, wenn die Variable I durch einen konkreten Wert instanziiert ist.

Alle Vorkommen von beforeOrEqual/2 in den Zeilen 1 - 75 werden vor der Vervollständigung durch das Prädikat =</2 ersetzt. In den Programmzeilen 76 - 94 wird beforeOrEqual/2 definiert. Diese Zeilen können nun entfernt werden. Außerdem wird between(1,J,I) durch (1 =< I), (I =< J) (Zeile 34) und K is I + 1 durch K = I + 1 (Zeile 37) ersetzt. Diese Ersetzungen verändern die Bedeutung des Programms nicht.

Das Prädikat nonvar(I) hat die Aufgabe, mehrfache, unmittelbar aufeinanderfolgende Anwendungen der Programmklausel aus den Zeilen 42 - 48 (Axiom (AAI8)) zu verhindern. Dies ist keine Einschränkung des Programms gegenüber den Axiomen des Modells. Liegt zum Beispiel die Tatsachenklausel holdsAt(aut(h,priv(t,5)),0). vor, lässt sich in einem einzigen Schritt unter Anwendung der Programmklausel jedes Prädikat holdsAt(aut(h,priv(t,I)),0) mit I < 5 und 0 < I herleiten. Mehrere unmittelbar aufeinanderfolgende Anwendungen sind nicht nötig. Vor der Vervollständigung des Programms wird deswegen die Zeile 43 entfernt, ohne die Bedeutung des Programms zu verändern. Auf diese Weise entsteht das bereinigte Programm $\hat{P}_{main}$:

```
1b    holdsAt(aut(H,A),Z) :-
2b        always(aut(H,A)),
3b        0=<Z.
4b
```

---

[8]unabhängig von den restlichen Bestandteilen P_{user}, P_{pos} und P_{neg} des Programms

```
5b    holdsAt(cert(X,PX,H,A),Z2) :-
6b        happens(begin(cert(X,PX,H,A)),Z1),
7b        Z1=<Z2,
8b        \+ invalid(Z1,cert(X,PX,H,A),Z2).
9b
10b   holdsAt(aut(H,attrib(T,V)),Z) :-
11b       holdsAt(cert(X,PX,H,attrib(T,V)),Z),
12b       holdsAt(aut(X,attrib(pk,PX)),Z),
13b       holdsAt(aut(X,priv(ci(T),1))).
14b
15b   holdsAt(aut(H,priv(T,I)),Z) :-
16b       holdsAt(cert(X,PX,H,priv(T,J)),Z),
17b       (1=<I),
18b       (I=<J),
19b       holdsAt(aut(X,attrib(pk,PX)),Z),
20b       K = I + 1,
21b       holdsAt(aut(X,priv(T,K)),Z).
22b
23b   holdsAt(aut(H,priv(T,I)),Z) :-
24b       holdsAt(aut(H,priv(T,J)),Z),
25b       (I < J),
26b       (0 < I).
27b
28b   invalid(Z1,cert(X,PX,H,A),Z2) :-
29b       happens(E,Z3),
30b       Z1=<Z3,
31b       Z3=<Z4,
32b       Z4=<Z2,
33b       terminates(E,cert(X,PX,H,A),Z4).
34b
35b   terminates(end(cert(X,PX,H,A)),cert(X,PX,H,A),_Z).
36b
37b   terminates(revokes(R,PR,cert(X,PX,H,A)),cert(X,PX,H,A),Z) :-
38b       holdsAt(aut(R,attrib(pk,PR)),Z),
39b       holdsAt(aut(R,priv(cr(X),1)),Z).
```

Satz 8.2 (Vervollständigung des bereinigten Hauptprogramms). Die Vervollständigung von $\hat{P}_{main} \cup P_{view}$ ist äquivalent zur Vervollständigung der Formeln des AAI-Modells $AAI \cup View$:

$$Comp(\hat{P}_{main} \cup P_{view}) \equiv Comp(AAI \cup View)$$

Beweis. In den Klauseln aus $\hat{P}_{main} \cup P_{view}$ ist das Zeichen \+ ist bei der Vervollständigung durch ¬ zu ersetzen (vgl. [57, S. 225]). Außerdem wird =</2 durch $\preceq$ ersetzt, falls es für die Ordnung von zwei Zeitpunkten verwendet wird. Falls =</2 die Ordnung von Delegationsstufen angibt, wird es bei der Vervollständigung durch $\leq$ ersetzt. Weiterhin kann Zeile 20b entfernt werden, wenn man in Zeile 21b K durch I + 1 ersetzt. Das Literal (1 =< J) in Zeile 17b kann durch (0 < J) ersetzt werden. Nach diesen Schritten gleichen die Programmklauseln in $\hat{P}_{main} \cup P_{view}$ den Formeln der Menge $AAI \cup View$. Somit ist die Vervollständigung beider Formelmengen äquivalent. □

8.9 Korrektheit des Programms

Satz 8.3 (Korrektheit des bereinigten Hauptprogramms). Falls $\leftarrow L_1, \ldots, L_n$ eine normale Zielklausel zu dem Programm $\hat{P}_{main} \cup P_{view}$ ist, dann gilt:

- Wenn $\leftarrow L_1, \ldots, L_n$ eine berechnete Antwortsubstitution θ hat, dann:

$$Comp(AAI \cup View) \models \forall(L_1\theta \wedge \ldots \wedge L_n\theta)$$

- Wenn $\leftarrow L_1, \ldots, L_n$ einen endlichen und fehlgeschlagenen SLDNF-Baum hat, dann:
$$Comp(AAI \cup View) \models \forall(\neg(L_1 \wedge \ldots \wedge L_n))$$

Beweis. Nach Satz 8.2 ist $Comp(AAI \cup View)$ äquivalent zu $Comp(\hat{P}_{main} \cup P_{view})$. Damit folgt die Behauptung unmittelbar aus dem Korrektheitssatz (Satz 8.1) der SLDNF-Ableitung.   □

Das bereinigte Hauptprogramm $\hat{P}_{main} \cup P_{view}$ terminiert nicht bei jedem Programmlauf. Für das Programm P wurde die Termination aller Programmläufe gezeigt (vgl. Abschnitt 8.6). Diese Eigenschaft basiert auf dem Erkennen möglicher Zyklen. Es wird gezeigt, dass die Mechanismen zur Zykluserkennung und die restlichen Bestandteile von P die Korrektheit des bereinigten Hauptprogramms erhalten.

Satz 8.4 (Korrektheit des Programms P). Falls $\leftarrow L_1, \ldots, L_n$ eine normale Zielklausel zu dem Programm P ist und falls das Programm P keine looped-Meldung ausgibt, dann gilt:

- Wenn $\leftarrow L_1, \ldots, L_n$ eine berechnete Antwortsubstitution θ hat, dann:

$$Comp(AAI \cup View) \models \forall(L_1\theta \wedge \ldots \wedge L_n\theta)$$

- Wenn $\leftarrow L_1, \ldots, L_n$ einen endlichen und fehlgeschlagenen SLDNF-Baum hat, dann:
$$Comp(AAI \cup View) \models \forall(\neg(L_1 \wedge \ldots \wedge L_n))$$

Beweis. Nach Satz 8.3 gilt die Korrektheit des bereinigten Hauptprogramms $\hat{P}_{main} \cup P_{view}$. Es wird gezeigt, dass das Hinzufügen der restlichen Programmteile von $P = P_{main} \cup P_{user} \cup P_{pos} \cup P_{neg} \cup P_{view}$ die Korrektheit erhält.

Der Programmteil P_{user} hat die Aufgabe, Benutzeranfragen zu vereinfachen. Er nimmt keinen Einfluss auf den Hauptteil der Ableitung. Aufrufe von holdsAt/2 werden an holdsAt/3 weitergereicht, diese werden wiederum an holdsAt/6 weitergegeben. Aus diesem Grund beeinflusst P_{user} die Korrektheit des Progamms $\hat{P}_{main} \cup P_{view}$ nicht.

Der einzige Zyklus, der im Abhängigkeitsgraphen in Abbildung 8.1 ausschließlich über positive Kanten verläuft (Zyklus 1), umfasst wiederholte Anfragen des Prädikats holdsAt(aut(H,A),Z). Nur wenn ein solcher Zyklus vorliegt, greifen die Programmbestandteile in P_{pos}. Das Programm antwortet in diesem Fall mit fail, um zu erreichen, dass PROLOG einen alternativen Weg zur Ableitung versucht und somit den Zyklus verlässt. Dieses Vorgehen erhält die Korrektheit des Programms $\hat{P}_{main} \cup P_{view}$.

Angenommen, es liegt ein Zyklus vor, der im Abhängigkeitsgraphen in Abbildung 8.1 auch über negative Kanten (Zyklus 2 oder 3) läuft. Nur wenn ein solcher Zyklus vorliegt, greifen die Programmbestandteile in P_{neg}. In diesem Fall wird die Meldung looped ausgegeben. Der Zyklus entsteht, weil ein Rückruf vorliegt, der sich auf ein Zertifikat bezieht, das zur Authentifizierung oder zur Autorisierung des Rückrufs benötigt wird. Genau in diesem Fall ist die Voraussetzung nicht erfüllt, dass das Programm P keine looped-Meldung ausgibt.

Das bereinigte Programm $\hat{P}_{main}$ unterscheidet sich vom Programm P_{main} in P durch die Prädikate between/3, beforeOrEqual/2, is/2 und nonvar/1. Diese wurden in $\hat{P}_{main}$ durch äquivalente Prädikate ersetzt bzw. entfernt (im Fall von nonvar/1), ohne die logische Bedeutung des Programms zu verändern.

Die Behauptung gilt, weil durch das Hinzufügen der restlichen Programmteile von P die Korrektheit des bereinigten Hauptprogramms $\hat{P}_{main} \cup P_{view}$ erhalten bleibt.   □

8.10 Safeness und Occurs Check

Die meisten praktischen Realisierungen der SLDNF-Ableitung durch PROLOG-Implementierungen unterscheiden sich in zwei Punkten von den theoretischen Vorgaben für diese Ableitungstechnik (vgl. [48, S. 166] und [48, S. 196]). Sie führen keine Prüfung auf safeness des Programms durch und unterlassen den *occurs check*. Das Fehlen des occurs check in einer PROLOG-Implementierung hat keine Auswirkungen auf die Korrektheit des vorgestellten Programms. Außerdem erfüllt das Programm die safeness-Anforderung.

Safeness

Nerode und Shore [48] beschreiben die safeness-Anforderung wie folgt:

> We allow the SLDNF-refutation to process when R chooses a positive literal only if it is ground. Such a choice is called *safe*.

Hierbei bezeichnet R eine *generalized selection rule* (siehe [48, S. 193]). Im vorgestellten PROLOG-Programm ist die safeness-Bedingung erfüllt. Die Negation \+ wird nur in Zeile 17 (\+ invalid) verwendet. Die Variablen Z1, X, PX, H, A, Z2, welche invalid an dieser Stelle enthält, werden bereits in den Zeilen 15 und 16 durch den Aufruf von positiven Literalen, welche die genannten Variablen enthalten, mit Grundtermen belegt. Die Variable OpenNeg wird zu Beginn des Programmlaufs mit der leeren Liste [] belegt (Zeile 7, letztes Argument von HoldsAt), die nur in den Zeilen 70 und 65 erweitert wird. Darum ist OpenNeg ebenfalls immer mit einem Grundterm belegt.

Occurs Check

Der occurs check prüft bei der Unifikation, ob eine Variable x in einem Term t echt enthalten[9] ist (wie z. B. $x = f(x)$, vgl. Annahme eindeutiger Namen (UNA2)). Die

---

[9] „echt enthalten" bedeutet, dass x nicht gleich t ist, aber x in t enthalten ist.

Variable x kann nur echt enthalten sein, wenn t mit einem Funktionssymbol beginnt. Der Großteil existierender PROLOG-Implementierungen führt den occurs check aus Effizienzgründen nicht durch. Nilsson und Małuszyński schreiben hierzu [49, S. 42]:

> A pragmatic justification for this solution is the fact, that rule 5a (occur check) never is used during the computation of many Prolog programs.

Dies trifft auf das vorgestellte PROLOG-Programm zu. Alices View besteht aus variablenfreien *Always*- und *Happens*-Atomen. Wird eine Variable mit einem Term t unifiziert, der aus einer Tatsachenklausel in Alices View stammt, kann keine Variable in dem Term t enthalten sein.

Es gibt zwei Fälle im Programm, in denen eine Variable mit einem Term unifiziert werden kann, der mit einem Funktionssymbol beginnt und der nicht aus Alices View stammt:

1. Die Variable A (im kompletten Programm so benannt): Die Variable A kommt als letztes Argument von aut(_,A) und von cert(_,_,_,A) vor. In den Kopfteilen von Programmklauseln kommen die beiden Funktionssymbole mit den Termen attrib(T,V) (Zeile 20) und priv(T,I) (Zeile 30, 42) an der Stelle des letzten Arguments (die Stelle von A) vor. Deswegen können nur diese beiden Terme mit A unifiziert werden. In diesen Termen kommt A aber nicht vor. Es kann sich kein zyklischer Term ergeben.

2. Die Variable F in Zeilen 3 und 5: Sie kann mit einem aut- oder cert-Funktionssymbol unifiziert werden (vgl. die Kopfteile der Programmklauseln in Zeilen 9, 14, 20, 30, 42). Diese Funktionssymbole enthalten die Variable F nicht. Die Argumentation aus Punkt 1 lässt sich hier genauso anwenden.

9 Beispiele

Dieses Kapitel ist in drei Abschnitte eingeteilt. Im ersten Abschnitt werden die Beispiele zur Modellierung einer PKI aus Maurers Arbeit [37] in das AAI-Modell übertragen. Da Maurers Beispiele keine zeitlichen Informationen enthalten, wird angenommen, dass alle Ereignisse gleichzeitig zum Zeitpunkt 0 eintreten. Im Anschluss daran folgen einige Beispiele, die Gültigkeitsdauer und Rückruf von Zertifikaten verwenden. Der dritte Abschnitt enthält Beispiele zur Zertifikation von biometrischen Referenzmustern, von Zugriffsprivilegien und Haftungserklärungen.

9.1 PKI-Beispiele

9.1.1 Zertifikationskette mit explizitem Vertrauen

Dieses Beispiel entspricht dem Beispiel 3.3 in Maurers Arbeit [37]. Wie üblich wird von der Perspektive des Benutzers Alice ausgegangen. Alice wird im Folgenden mit a bezeichnet, ihr eigener öffentlicher Schlüssel mit pa.

Grundzustand: Alice hält ihren eigenen öffentlichen Schlüssel für authentisch. Außerdem legt sie fest, dass die maximale Delegationsstufe des Privilegs zum Ausstellen von Zertifikaten für öffentliche Schlüssel 2 beträgt (vgl. Abschnitt 3.7.3).

$$Always(aut(\text{a}, attrib(\kappa, \text{pa}))) \qquad \text{(EX1.1)}$$

$$Always(aut(\text{a}, priv(ci(\kappa), 2))) \qquad \text{(EX1.2)}$$

Es treten die folgenden Ereignisse ein. Die entsprechenden Aussagen des Maurerschen PKI-Modells sind jeweils unter den AAI-Ereignissen angegeben.

$$Happens(begin(cert(\text{a}, \text{pa}, \text{x}, attrib(\kappa, \text{px}))), 0) \qquad \text{(EX1.3)}$$
$$Aut(\text{x}, \text{px})$$

$$Happens(begin(cert(\text{a}, \text{pa}, \text{x}, priv(ci(\kappa), 1))), 0) \qquad \text{(EX1.4)}$$
$$Trust(\text{x}, 1)$$

$$Happens(begin(cert(\text{x}, \text{px}, \text{y}, attrib(\kappa, \text{py}))), 0) \qquad \text{(EX1.5)}$$
$$Cert(\text{x}, \text{px}, \text{y}, \text{py})$$

$$Happens(begin(cert(\text{a}, \text{pa}, \text{y}, priv(ci(\kappa), 1))), 0) \qquad \text{(EX1.6)}$$
$$Trust(\text{y}, 1)$$

$$Happens(begin(cert(\text{y}, \text{py}, \text{b}, attrib(\kappa, \text{pb}))), 0) \qquad \text{(EX1.7)}$$
$$Cert(\text{y}, \text{py}, \text{b}, \text{pb})$$

Abbildung 9.1 zeigt den Zertifikationsgraphen zum Zeitpunkt 0. Alice hält den öffentlichen Schlüssel px des Teilnehmers x für authentisch (EX1.3). Außerdem liegen Alice

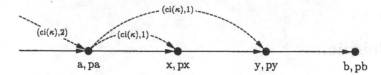

Abbildung 9.1: Public-Key-Zertifikationskette mit explizitem Vertrauen

zwei Public-Key-Zertifikate vor. Ein Zertifikat, ausgestellt von x mit dem öffentlichen Schlüssel px, bescheinigt dem Teilnehmer y ein Attribut des Typs öffentlicher Schlüssel mit dem Wert py (EX1.5). Ein zweites Zertifikat, ausgestellt von Teilnehmer y mit dem öffentlichen Schlüssel py, bescheinigt b den öffentlichen Schlüssel pb (EX1.7). Alice hält beide Teilnehmer x und y für berechtigt (EX1.4, EX1.6), Zertifikate für den Attributtyp öffentlicher Schlüssel auszustellen.[1] Alle Zertifikate sind ab dem Zeitpunkt 0 gültig. Es geht um die Frage, ob aus Alices Perspektive der öffentliche Schlüssel pb zum Zeitpunkt 0 der authentische öffentliche Schlüssel von Benutzer b ist. Die Menge der Formel (EX1.1) - (EX1.7) wird mit *View* bezeichnet.

Der Schlüssel pb ist aus Alices Sicht zum Zeitpunkt 0 der authentische öffentliche Schlüssel des Benutzers b. Es gilt:

$$Comp(AAI \cup View) \models HoldsAt(aut(b, attrib(\kappa, pb)), 0)$$

Dies lässt sich mit Hilfe des PROLOG-Programms belegen. Alices View (EX1.1) - (EX1.7) wird in Form von Tatsachenklauseln in die Wissensbasis von PROLOG aufgenommen. PROLOG liefert eine positive Antwort auf die folgende Anfrage:

```
?- holdsAt(aut(b,attrib(pk,pb)),0).
Yes
```

9.1.2 Zertifikationskette mit einer Empfehlung

Dieses Beispiel gleicht dem Beispiel zuvor, mit dem Unterschied, dass Alice nur dem Teilnehmer x das Privileg zum Ausstellen von Zertifikaten für öffentliche Schlüssel unmittelbar einräumt. Der Teilnehmer y erhält das Privileg durch eine Delegation von Teilnehmer x (eine Empfehlung im Sinne des Maurerschen PKI-Modells).

Grundzustand: Alice hält ihren eigenen öffentlichen Schlüssel für authentisch. Außerdem legt sie fest, dass die maximale Delegationsstufe des Privilegs zum Ausstellen von Zertifikaten für öffentliche Schlüssel 3 beträgt.

$$Always(aut(a, attrib(\kappa, pa))) \tag{EX2.1}$$

$$Always(aut(a, priv(ci(\kappa), 3))) \tag{EX2.2}$$

---

[1] Die Delegationsstufe beträgt 1. Darum sind x und y nicht berechtigt, dieses Privileg an andere Teilnehmer zu delegieren.

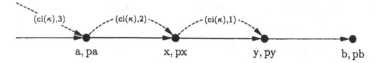

Abbildung 9.2: Public-Key-Zertifikationskette mit einer Empfehlung

Die folgenden Ereignisse treten ein. Die entsprechenden Aussagen des Maurerschen PKI-Modells sind wiederum unter den AAI-Ereignissen angegeben.

$$Happens(begin(cert(a, pa, x, attrib(\kappa, px))), 0) \qquad (EX2.3)$$
$$Aut(x, px)$$
$$Happens(begin(cert(a, pa, x, priv(ci(\kappa), 2))), 0) \qquad (EX2.4)$$
$$Trust(x, 2)$$
$$Happens(begin(cert(x, px, y, attrib(\kappa, py))), 0) \qquad (EX2.5)$$
$$Cert(x, px, y, py)$$
$$Happens(begin(cert(x, px, y, priv(ci(\kappa), 1))), 0) \qquad (EX2.6)$$
$$Rec(x, px, y, 1)$$
$$Happens(begin(cert(y, py, b, attrib(\kappa, pb))), 0) \qquad (EX2.7)$$
$$Cert(y, py, b, pb)$$

Abbildung 9.2 zeigt den Zertifikationsgraphen zum Zeitpunkt 0. Es geht um die Frage, ob aus Alices Perspektive der öffentliche Schlüssel pb für Benutzer b zum Zeitpunkt 0 authentisch ist. Die Menge der Formeln (EX2.1) - (EX2.7) wird mit *View* bezeichnet. Der Schlüssel pb ist aus Alices Sicht zum Zeitpunkt 0 der authentische öffentliche Schlüssel des Benutzers b. Es gilt:

$$Comp(AAI \cup View) \models HoldsAt(aut(b, attrib(\kappa, pb)), 0)$$

Dies lässt sich wiederum mit Hilfe des PROLOG-Programms nachvollziehen. Alices View (EX2.1) - (EX2.7) wird in die Wissensbasis aufgenommen. PROLOG liefert die Antwort Yes auf die folgende Anfrage:

```
?- holdsAt(aut(b,attrib(pk,pb)),0).
Yes
```

9.1.3 Getrennter Delegations- und Zertifikationspfad

Dieses Beispiel verdeutlicht, dass die Delegation des Privilegs zum Ausstellen von Zertifikaten für öffentliche Schlüssel nicht der Public-Key-Zertifikationskette folgen muss. Das Beispiel entspricht dem Beispiel 3.5 in Maurers Arbeit [37].

Grundzustand:

$$Always(aut(a, attrib(\kappa, pa))) \qquad (EX3.1)$$
$$Always(aut(a, priv(ci(\kappa), 4))) \qquad (EX3.2)$$

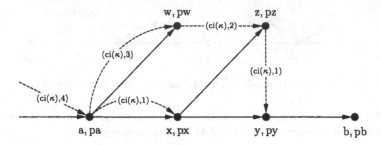

Abbildung 9.3: Die Delegationskette folgt nicht der Zertifikationskette

Ereignisse:

$$Happens(begin(cert(\text{a}, \text{pa}, \text{x}, attrib(\kappa, \text{px}))),\ 0) \qquad \text{(EX3.3)}$$

$$Happens(begin(cert(\text{a}, \text{pa}, \text{w}, attrib(\kappa, \text{pw}))),\ 0) \qquad \text{(EX3.4)}$$

$$Happens(begin(cert(\text{x}, \text{px}, \text{y}, attrib(\kappa, \text{py}))),\ 0) \qquad \text{(EX3.5)}$$

$$Happens(begin(cert(\text{x}, \text{px}, \text{z}, attrib(\kappa, \text{pz}))),\ 0) \qquad \text{(EX3.6)}$$

$$Happens(begin(cert(\text{y}, \text{py}, \text{b}, attrib(\kappa, \text{pb}))),\ 0) \qquad \text{(EX3.7)}$$

$$Happens(begin(cert(\text{a}, \text{pa}, \text{x}, priv(ci(\kappa), 1))),\ 0) \qquad \text{(EX3.8)}$$

$$Happens(begin(cert(\text{a}, \text{pa}, \text{w}, priv(ci(\kappa), 3))),\ 0) \qquad \text{(EX3.9)}$$

$$Happens(begin(cert(\text{w}, \text{pw}, \text{z}, priv(ci(\kappa), 2))),\ 0) \qquad \text{(EX3.10)}$$

$$Happens(begin(cert(\text{z}, \text{pz}, \text{y}, priv(ci(\kappa), 1))),\ 0) \qquad \text{(EX3.11)}$$

Die Menge der Formeln (EX3.1) - (EX3.11) wird mit *View* bezeichnet. Der Schlüssel pb ist aus Alices Sicht zum Zeitpunkt 0 der authentische öffentliche Schlüssel des Benutzers b. Es gilt:

$$Comp(AAI \cup View) \models HoldsAt(aut(\text{b}, attrib(\kappa, \text{pb})), 0)$$

Nach dem Hinzufügen von Alices View als Tatsachenklauseln liefert PROLOG eine positive Antwort auf die folgende Anfrage:

```
?- holdsAt(aut(b,attrib(pk,pb)),0).
Yes
```

9.1.4 Fehlendes Privileg zum Ausstellen von Zertifikaten

In diesem Beispiel räumt Alice dem Teilnehmer y das Privileg zum Ausstellen von Public-Key-Zertifikaten mit der Delegationsstufe 2 ein. Der Teilnehmer y delegiert das Privileg an Teilnehmer x. Abbildung 9.4 zeigt den Zertifikationsgraphen zum Zeitpunkt 0. Auf den ersten Blick erscheint es korrekt, dass Teilnehmer x das delegierte Privileg anwenden kann und somit berechtigt ist, Zertifikate für öffentliche Schlüssel auszustellen. Folglich würde Alice das Zertifikat $cert(\text{x}, \text{px}, \text{y}, attrib(\kappa, \text{py}))$ akzeptieren und daraus

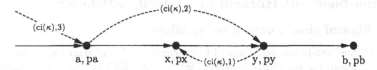

Abbildung 9.4: Zertifikationsgraph zum Zeitpunkt 0

schließen, dass $aut(y, attrib(\kappa, py))$ gilt. Eine genauere Betrachtung zeigt aber, dass der Fluent $aut(y, attrib(\kappa, py))$ nicht gültig sein darf. Falls Teilnehmer x ein Betrüger ist (was mit Alices Sicht der AAI vereinbar ist, denn Alice vergibt das Privileg $ci(\kappa)$ an y und nicht an x), wird x gefälschte Public-Key-Zertifikate ausstellen. Das Zertifikat $cert(x, px, y, attrib(\kappa, py))$ kann er so erstellen, dass ihm der private Schlüssel zu py bekannt ist. Damit kann x das Zertifikat $cert(y, py, x, priv(ci(\kappa), 1))$ fälschen, um das Privileg zum Ausstellen von Public-Key-Zertifikaten zu erlangen. Nun kann er ein weiteres Zertifikat $cert(y, py, b, attrib(\kappa, pb))$ ausstellen, das dem Teilnehmer b einen gefälschten öffentlichen Schlüssel pb bescheinigt. In der Tat lässt sich nicht folgern, dass der Fluent $aut(y, attrib(\kappa, py))$ oder der Fluent $aut(b, attrib(\kappa, pb))$ gültig ist.

Grundzustand:

$$Always(aut(a, attrib(\kappa, pa))) \tag{EX4.1}$$

$$Always(aut(a, priv(ci(\kappa), 3))) \tag{EX4.2}$$

Ereignisse:

$$Happens(begin(cert(a, pa, x, attrib(\kappa, px))), 0) \tag{EX4.3}$$

$$Happens(begin(cert(x, px, y, attrib(\kappa, py))), 0) \tag{EX4.4}$$

$$Happens(begin(cert(y, py, b, attrib(\kappa, pb))), 0) \tag{EX4.5}$$

$$Happens(begin(cert(a, pa, y, priv(ci(\kappa), 2))), 0) \tag{EX4.6}$$

$$Happens(begin(cert(y, py, x, priv(ci(\kappa), 1))), 0) \tag{EX4.7}$$

Die Menge der Formeln (EX4.1) - (EX4.7) wird mit *View* bezeichnet. Der Schlüssel pb ist aus Alices Sicht zum Zeitpunkt 0 nicht der authentische öffentliche Schlüssel von Teilnehmer b, d. h.

$$Comp(AAI \cup View) \models \neg HoldsAt(aut(b, attrib(\kappa, pb)), 0)$$

Dies lässt sich wiederum mit Hilfe des PROLOG-Programms belegen. Alices View (EX4.1) - (EX4.7) wird in die Wissensbasis aufgenommen. PROLOG liefert eine negative Antwort auf die folgende Anfrage:

```
?- holdsAt(aut(b,attrib(pk,pb)),0).
No
```

9.2 Beispiele mit Rückruf und Gültigkeitsdauer

9.2.1 Rückruf eines Public-Key-Zertifikats

Dieses Beispiel entspricht dem Beispiel in Abschnitt 9.1.1, mit dem Unterschied, dass nun ein Rückruf für ein Public-Key-Zertifikat vorliegt (EX5.11). In den Abbildungen 9.5 - 9.7 sind die Zertifikationsgraphen für die Zeitpunkte 0, 3 und 5 (Rückrufereignis) dargestellt. Die Tabelle 9.1 zeigt die Gültigkeit der *aut*-Fluents zu diesen Zeitpunkten. Wie in den Beispielen zuvor kann die Tabelle mit Hilfe des PROLOG-Programms aus Kapitel 8 nachvollzogen werden.

Grundzustand:

$$Always(aut(a, attrib(\kappa, pa))) \hspace{2cm} \text{(EX5.1)}$$
$$Always(aut(a, priv(ci(\kappa), 2))) \hspace{2cm} \text{(EX5.2)}$$
$$Always(aut(a, priv(cr(x), 2))) \hspace{2cm} \text{(EX5.3)}$$

Ereignisse:

$$Happens(begin(cert(a, pa, x, attrib(\kappa, px))),\ 0) \hspace{1cm} \text{(EX5.4)}$$
$$Happens(begin(cert(a, pa, r, attrib(\kappa, pr))),\ 3) \hspace{1cm} \text{(EX5.5)}$$
$$Happens(begin(cert(x, px, y, attrib(\kappa, py))),\ 0) \hspace{1cm} \text{(EX5.6)}$$
$$Happens(begin(cert(y, py, b, attrib(\kappa, pb))),\ 0) \hspace{1cm} \text{(EX5.7)}$$
$$Happens(begin(cert(a, pa, x, priv(ci(\kappa), 1))),\ 0) \hspace{1cm} \text{(EX5.8)}$$
$$Happens(begin(cert(a, pa, y, priv(ci(\kappa), 1))),\ 0) \hspace{1cm} \text{(EX5.9)}$$
$$Happens(begin(cert(a, pa, r, priv(cr(x), 1))),\ 3) \hspace{1cm} \text{(EX5.10)}$$
$$Happens(revokes(r, pr, cert(x, px, y, attrib(\kappa, py))),\ 5) \hspace{0.5cm} \text{(EX5.11)}$$

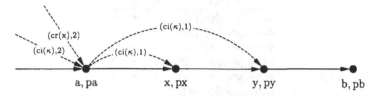

Abbildung 9.5: Zertifikationsgraph zum Zeitpunkt 0

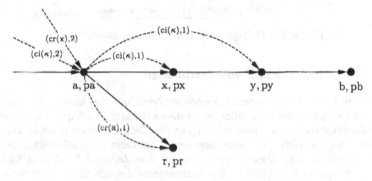

Abbildung 9.6: Zertifikationsgraph zum Zeitpunkt 3

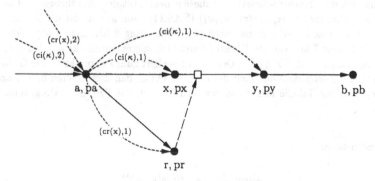

Abbildung 9.7: Zertifikationsgraph zum Zeitpunkt 5

Fluent	Zeitpunkt 0	3	5
$aut(a, attrib(\kappa, pa))$	+	+	+
$aut(a, priv(ci(\kappa), 2))$	+	+	+
$aut(a, priv(ci(\kappa), 1))$	+	+	+
$aut(a, priv(cr(x), 2))$	+	+	+
$aut(a, priv(cr(x), 1))$	+	+	+
$aut(x, attrib(\kappa, px))$	+	+	+
$aut(x, priv(ci(\kappa), 1))$	+	+	+
$aut(y, attrib(\kappa, py))$	+	+	−
$aut(y, priv(ci(\kappa), 1))$	+	+	+
$aut(b, attrib(\kappa, pb))$	+	+	−
$aut(r, attrib(\kappa, pr))$	−	+	+
$aut(r, priv(cr(x), 1))$	−	+	+

Tabelle 9.1: Gültigkeit der aut-Fluents in Beispiel 9.2.1

9.2.2 Ablauf und Rückruf von Zertifikaten

In diesem Beispiel ist Alice bereit, Rückrufe für Zertifikate des Ausstellers x zu akzeptieren (EX6.3). Sie räumt dem Teilnehmer r dieses Rückruf-Privileg durch das selbstsignierte Zertifikat $cert(a, pa, r, priv(cr(x), 1))$ ab dem Zeitpunkt 0 ein (EX6.8). Das Zertifikat $cert(a, pa, r, attrib(\kappa, pr))$ bescheinigt dem Teilnehmer r den öffentlichen Schlüssel pr (vgl. Abbildung 9.8). Dieses Zertifikat ist ab dem Zeitpunk 0 gültig (EX6.5) und läuft zum Zeitpunkt 5 ab (EX6.9). Die Authentizität des öffentlichen Schlüssels pr ist ab diesem Zeitpunkt keine logische Konsequenz mehr. Zum Zeitpunkt 7 stellt r einen Rückruf für das Zertifikat $cert(x, px, y, attrib(\kappa, py))$ aus (EX6.10) (vgl. Abbildung 9.9). Der Rückruf wird nicht akzeptiert, weil die Authentizität des öffentlichen Schlüssels pr des Rückruf-Ausstellers nicht mehr gesichert ist. Zum Zeitpunkt 10 bescheinigt aber der Teilnehmer x dem Rückruf-Aussteller r die Authentizität des öffentlichen Schlüssels pr durch Zertifikat $cert(x, px, r, attrib(\kappa, pr))$ (EX6.11). Von nun an ist die Authentizität von pr wieder eine logische Konsequenz (vgl. Abbildung 9.10). Zum Zeitpunkt 10 hat der an Zeitpunkt 7 ausgestellte Rückruf einen terminierenden Effekt auf den Zertifikat-Fluent $cert(x, px, y, attrib(\kappa, py))$. Der Fluent verliert zum Zeitpunkt 10 die Gültigkeit. Die Tabelle 9.2 zeigt die Gültigkeit der aut-Fluents an den Zeitpunkten 0, 5, 7 und 10. Die Angaben der Tabelle lassen sich wiederum durch das PROLOG-Programm überprüfen.

Grundzustand:

$$Always(aut(a, attrib(\kappa, pa))) \qquad \text{(EX6.1)}$$

$$Always(aut(a, priv(ci(\kappa), 2))) \qquad \text{(EX6.2)}$$

$$Always(aut(a, priv(cr(x), 2))) \qquad \text{(EX6.3)}$$

Fluent	Zeitpunkt			
	0	5	7	10
$aut(\mathrm{a}, attrib(\kappa, \mathrm{pa}))$	+	+	+	+
$aut(\mathrm{a}, priv(ci(\kappa), 2))$	+	+	+	+
$aut(\mathrm{a}, priv(ci(\kappa), 1))$	+	+	+	+
$aut(\mathrm{a}, priv(cr(x), 2))$	+	+	+	+
$aut(\mathrm{a}, priv(cr(x), 1))$	+	+	+	+
$aut(\mathrm{x}, attrib(\kappa, \mathrm{px}))$	+	+	+	+
$aut(\mathrm{x}, priv(ci(\kappa), 1))$	+	+	+	+
$aut(\mathrm{y}, attrib(\kappa, \mathrm{py}))$	+	+	+	−
$aut(\mathrm{r}, attrib(\kappa, \mathrm{pr}))$	+	−	−	+
$aut(\mathrm{r}, priv(cr(\mathrm{x}), 1))$	+	+	+	+

Tabelle 9.2: Gültigkeit der aut-Fluents in Beispiel 9.2.2

Ereignisse:

$Happens(begin(cert(\mathrm{a}, \mathrm{pa}, \mathrm{x}, attrib(\kappa, \mathrm{px}))),\ 0)$ (EX6.4)

$Happens(begin(cert(\mathrm{a}, \mathrm{pa}, \mathrm{r}, attrib(\kappa, \mathrm{pr}))),\ 0)$ (EX6.5)

$Happens(begin(cert(\mathrm{x}, \mathrm{px}, \mathrm{y}, attrib(\kappa, \mathrm{py}))),\ 0)$ (EX6.6)

$Happens(begin(cert(\mathrm{a}, \mathrm{pa}, \mathrm{x}, priv(ci(\kappa), 1)))),\ 0)$ (EX6.7)

$Happens(begin(cert(\mathrm{a}, \mathrm{pa}, \mathrm{r}, priv(cr(\mathrm{x}), 1))),\ 0)$ (EX6.8)

$Happens(end(cert(\mathrm{a}, \mathrm{pa}, \mathrm{r}, attrib(\kappa, \mathrm{pr}))),\ 5)$ (EX6.9)

$Happens(revokes(\mathrm{r}, \mathrm{pr}, cert(\mathrm{x}, \mathrm{px}, \mathrm{y}, attrib(\kappa, \mathrm{py}))),\ 7)$ (EX6.10)

$Happens(begin(cert(\mathrm{x}, \mathrm{px}, \mathrm{r}, attrib(\kappa, \mathrm{pr}))),\ 10)$ (EX6.11)

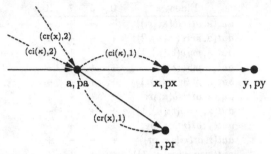

Abbildung 9.8: Zertifikationsgraph zum Zeitpunkt 0

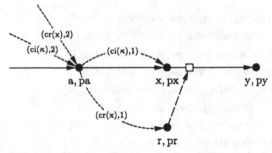

Abbildung 9.9: Zertifikationsgraph zum Zeitpunkt 7

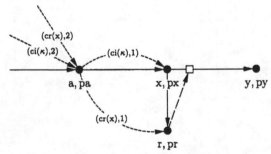

Abbildung 9.10: Zertifikationsgraph zum Zeitpunkt 10

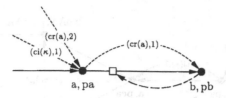

Abbildung 9.11: Zertifikationsgraph zum Zeitpunkt 5 (Rückrufschleife)

9.2.3 Rückrufschleife

Dem Benutzer b wird der öffentliche Schlüssel pb durch das Zertifikat $cert(a, pa, b, attrib(\kappa, pb))$ bescheinigt (EX7.4). Außerdem erhält b durch das Zertifikat $cert(a, pa, b, priv(cr(a), 1))$ das Privileg, Zertifikate des Ausstellers a zurückzurufen (EX7.5). Zum Zeitpunkt 5 nutzt b dieses Privileg und ruft das Zertifikat $cert(a, pa, b, attrib(\kappa, pb))$ zurück (EX7.6). Die Situation ist in Abbildung 9.11 dargestellt. Der Rückruf wird akzeptiert, falls b das Rückruf-Privileg besitzt und falls pb der authentische öffentliche Schlüssel von b ist (zur Prüfung der digitalen Signatur des Rückrufs). Die Authentizität des öffentlichen Schlüssels pb kann aber nur mit Hilfe des zurückgerufenen Zertifikats belegt werden. Die Voraussetzung für die Akzeptanz des Rückrufs (Authentizität von pb) wird geschaffen durch das Zertifikat, das zurückgerufen wird.

Grundzustand:

$$Always(aut(a, attrib(\kappa, pa))) \qquad (EX7.1)$$

$$Always(aut(a, priv(ci(\kappa), 1))) \qquad (EX7.2)$$

$$Always(aut(a, priv(cr(a), 2))) \qquad (EX7.3)$$

Ereignisse:

$$Happens(begin(cert(a, pa, b, attrib(\kappa, pb))), 0) \qquad (EX7.4)$$

$$Happens(begin(cert(a, pa, b, priv(cr(a), 1))), 0) \qquad (EX7.5)$$

$$Happens(revokes(b, pb, cert(a, pa, b, attrib(\kappa, pb))), 5) \qquad (EX7.6)$$

Die Menge der Formeln (EX7.1) - (EX7.6) wird mit *View* bezeichnet. Das PROLOG-Programm gibt für eine Anfrage zum Zeitpunkt 5 die Meldung looped aus:

```
?- holdsAt(aut(b,attrib(pk,pb)),5).
looped
```

Das bedeutet, dass die Voraussetzung des Satzes 7.1 zur Widerspruchsfreiheit von $Comp(AAI \cup View)$ nicht gegeben ist. Es lässt sich nachvollziehen, dass diese Formelmenge für die angegebene Menge *View* widerspruchsvoll ist. Dies entspricht der realen Situation, dass nicht entschieden werden kann, ob das Zertifikat $cert(a, pa, b, attrib(\kappa, pb))$ gültig ist oder nicht.

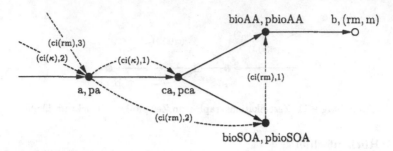

Abbildung 9.12: Zertifikation eines biometrischen Referenzmusters

9.3 Zertifikation von Attributen

9.3.1 Biometrisches Referenzmuster

Dieses Beispiel veranschaulicht die Modellierung der Zertifikation eines biometrischen Referenzmusters m. Es entspricht dem Beispiel 6.1 (Abschnitt 6.4). Die Konstante rm steht für den Attributtyp Referenzmuster (analog zu κ als Bezeichnung für den Typ öffentlicher Schlüssel). Dem Benutzer b wird das deskriptive Attribut des Typs rm mit dem Wert m zum Zeitpunkt 0 bescheinigt. Auf dieser Grundlage kann ein biometrisches Verfahren zur Authentifizierung von b eingesetzt werden (vgl. Abschnitt 3.6). Die AAI wird aus der Perspektive des biometrischen Prüfsystems a mit dem öffentlichen Schlüssel pa modelliert.

Grundzustand:

$$Always(aut(a, attrib(\kappa, pa))) \tag{EX8.1}$$
$$Always(aut(a, priv(ci(\kappa), 2))) \tag{EX8.2}$$
$$Always(aut(a, priv(ci(rm), 3))) \tag{EX8.3}$$

Ereignisse:

$$Happens(begin(cert(a, pa, bioSOA, priv(ci(rm), 2))), 0) \tag{EX8.4}$$
$$Happens(begin(cert(a, pa, ca, attrib(\kappa, pca))), 0) \tag{EX8.5}$$
$$Happens(begin(cert(a, pa, ca, priv(ci(\kappa), 1))), 0) \tag{EX8.6}$$
$$Happens(begin(cert(ca, pca, bioAA, attrib(\kappa, pbioAA))), 0) \tag{EX8.7}$$
$$Happens(begin(cert(ca, pca, bioSOA, attrib(\kappa, pbioSOA))), 0) \tag{EX8.8}$$
$$Happens(begin(cert(bioSOA, pbioSOA, bioAA, priv(ci(rm), 1))), 0) \tag{EX8.9}$$
$$Happens(begin(cert(bioAA, pbioAA, b, attrib(rm, m))), 0) \tag{EX8.10}$$

Die Menge der Formeln (EX8.1) - (EX8.10) wird mit *View* bezeichnet. Abbildung 9.12 zeigt den Zertifikationsgraphen zum Zeitpunkt 0. Für alle Zeitpunkte z mit $0 \preceq z$ gilt:
$$Comp(AAI \cup View) \models HoldsAt(aut(b, attrib(rm, m)), z)$$

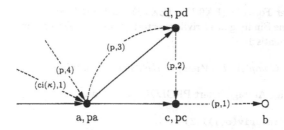

Abbildung 9.13: Delegation eines Privilegs

Aus der Perspektive des Prüfsystems a ist m zu allen Zeitpunkten z mit $0 \preceq z$ das authentische Referenzmuster des Benutzers b. Auf die zugehörige Anfrage liefert PROLOG diese Antwort:

```
?- holdsAt(aut(b,attrib(rm,m)),Z).

Z = 0 ;

No
```

Das bedeutet, dass die Attribut-Authentizität zum Zeitpunkt 0 hergeleitet werden kann. Die Antwort No besagt hier, dass es keine weiteren Zeitpunkte gibt, zu welchen ein Ereignis eintritt und an welchen die Anfrage ableitbar ist (vgl. Abschnitt 8.5 (Programmzeilen 74 - 94)). Nachdem alle Ereignisse zum Zeitpunkt 0 eintreten folgt hieraus, dass die angefragte Attribut-Authentizität an allen Zeitpunkten gilt.

9.3.2 Delegation eines Privilegs

Dieses Beispiel modelliert die in Beispiel 3.1 (Abschnitt 3.7) beschriebene Delegationskette. Der Kontoinhaber d delegiert ein Privileg des Typs p an Benutzer c. Dieser reicht das Privileg an b weiter. Der Zertifikationsgraph zu diesem Beispiel ist in Abbildung 9.13 dargestellt.

Grundzustand:

$$Always(aut(a, attrib(\kappa, pa))) \tag{EX9.1}$$

$$Always(aut(a, priv(ci(\kappa), 1))) \tag{EX9.2}$$

$$Always(aut(a, priv(p, 4))) \tag{EX9.3}$$

Ereignisse:

$$Happens(begin(cert(a, pa, d, attrib(\kappa, pd))), 0) \tag{EX9.4}$$

$$Happens(begin(cert(a, pa, c, attrib(\kappa, pc))), 0) \tag{EX9.5}$$

$$Happens(begin(cert(a, pa, d, priv(p, 3))), 0) \tag{EX9.6}$$

$$Happens(begin(cert(d, pd, c, priv(p, 2))), 0) \tag{EX9.7}$$

$$Happens(begin(cert(c, pc, b, priv(p, 1))), 0) \tag{EX9.8}$$

Die Menge der Formeln (EX9.1) - (EX9.8) wird mit *View* bezeichnet. Aus Alices
Perspektive ist die Bindung des Privilegs $priv(p, 1)$ an Teilnehmer b an allen Zeitpunkten
z mit $0 \preceq z$ authentisch:

$$Comp(AAI \cup View) \models HoldsAt(aut(b, priv(p, 1)), z)$$

Auf die zugehörige Anfrage liefert PROLOG diese Antwort:

```
?- holdsAt(aut(b,priv(p,1)),Z).

Z = 0 ;

No
```

Das bedeutet, dass die Privilegien-Authentizität zum Zeitpunkt 0 hergeleitet werden
kann. Nachdem alle Ereignisse zum Zeitpunkt 0 eintreten folgt hieraus, dass die angefragte Privilegien-Authentizität an allen Zeitpunkten gilt.

9.3.3 Alternative Interpretation von Public-Key-Zertifikaten

Maurer unterscheidet in der Arbeit [38] zwischen drei Arten von öffentlichen Schlüsseln: Signaturprüfschlüssel, Verschlüsselungsschlüssel und Authentifizierungsprüfschlüs-
sel. Seine alternative Interpretation von Public-Key-Zertifikaten betrifft ausschließlich
Zertifikate für Signaturprüfschlüssel.

Ein Public-Key-Zertifikat bescheinigt, dass ein bestimmter öffentlicher Schlüssel pb
einem bestimmten Teilnehmer b gehört. Geht man von der klassischen Interpretation
von Public-Key-Zertifikaten aus, dient das Zertifikat selbst als Beleg für diese Bindung.
Der durch das Zertifikat an b gebundene öffentliche Schlüssel ist die Grundlage für den
Nachweis, dass eine Signatur tatsächlich von Teilnehmer b ausgeführt wurde. Teilnehmer
b ist verantwortlich für Signaturen, die mit Hilfe des im Zertifikat attestierten öffentlichen Schlüssels pb positiv geprüft werden können. Für einen vollständigen Beweis der
Verantwortlichkeit von b, z. B. bei einer gerichtlichen Überprüfung, müssen aber neben dem Zertifikat auch die Zertifikationskette, das eingesetzte Prüfverfahren, passende
Rückruflisten und Nachweise über die Übereinstimmung mit den gesetzlichen Bestim-
mungen vorgelegt werden. Maurer argumentiert, dass diese Überprüfung vor Gericht
nicht praktikabel ist und somit der Verbreitung der rechtlich verbindlichen digitalen
Signatur im Wege steht.

Um eine einfachere rechtliche Nachvollziehbarkeit zu ermöglichen, schlägt er eine alternative Bedeutung für Public-Key-Zertifikate (die einen Signaturprüfschlüssel enthalten)
vor. Bei der Registrierung des öffentlichen Schlüssels pb erklärt sich der Teilnehmer b
explizit für Signaturen verantwortlich, zu denen dieser öffentliche Schlüssel passt. Die
Zertifizierungsstelle speichert ein Dokument, durch das der Teilnehmer b mittels seiner handschriftlichen Unterschrift die Verantwortung für alle digitalen Signaturen übernimmt, die mit dem öffentlichen Schlüssel pb positiv geprüft werden können. Diese Haftungserklärung wird mit einem Ablaufzeitpunkt versehen. Nach dem Ende der Gültigkeit
der Haftungserklärung verlieren auch alle Signaturen die Gültigkeit, die sich rechtlich

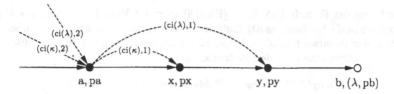

Abbildung 9.14: Zertifikation des Attributs der Verantwortung für einen Signaturprüfschlüssel

auf die Erklärung stützen. Die Bedeutung eines Public-Key-Zertifikats ist nun, dass die ausstellende Zertifizierungsstelle ein solches, rechtlich gültiges Dokument vorhält. Der Prüfer einer elektronischen Signatur vertraut darauf, dass die Zertifizierungsstelle bei einer Gerichtsverhandlung die Haftungserklärung als Beweisstück vorlegen kann. Das Dokument alleine bestätigt, dass b die Verantwortung für Signaturen übernimmt, die sich mit pb positiv überprüfen lassen.

Diese alternative Interpretation von Public-Key-Zertifikaten lässt sich im AAI-Modell abbilden. Dazu wird ein deskriptives Attribut des Typs λ verwendet. λ steht für den Attributtyp der Verantwortung für einen Signaturprüfschlüssel. In Abbildung 9.14 ist ein Beispiel-Szenario dargestellt. Es entspricht dem Beispiel aus Abschnitt 9.1.1 (Public-Key-Zertifikationskette), mit zwei Unterschieden:

1. Alice räumt der Zertifizierungsstelle y das Privileg ein, Zertifikate für den Attributtyp λ auszustellen. Sie vertraut darauf, dass y korrekt arbeitet und somit entsprechende Haftungserklärungen vorhält und auf Anfrage vorlegt.

2. Die Zertifizierungsstelle y bescheinigt, dass ihr eine Haftungserklärung vorliegt, auf der Teilnehmer b durch seine Unterschrift bestätigt, dass er die Verantwortung für den Signaturprüfschlüssel pb übernimmt. Die Erklärung ist gültig von Zeitpunkt 0 bis zu Zeitpunkt 10.

Grundzustand:

$$Always(aut(a, attrib(\kappa, pa))) \tag{EX10.1}$$

$$Always(aut(a, priv(ci(\kappa), 2))) \tag{EX10.2}$$

$$Always(aut(a, priv(ci(\lambda), 2))) \tag{EX10.3}$$

Ereignisse:

$$Happens(begin(cert(a, pa, x, attrib(\kappa, px))), 0) \tag{EX10.4}$$

$$Happens(begin(cert(a, pa, x, priv(ci(\kappa), 1))), 0) \tag{EX10.5}$$

$$Happens(begin(cert(a, pa, y, priv(ci(\lambda), 1))), 0) \tag{EX10.6}$$

$$Happens(begin(cert(x, px, y, attrib(\kappa, py))), 0) \tag{EX10.7}$$

$$Happens(begin(cert(y, py, b, attrib(\lambda, pb))), 0) \tag{EX10.8}$$

$$Happens(end(cert(y, py, b, attrib(\lambda, pb))), 10) \tag{EX10.9}$$

Die Menge der Formeln (EX10.1) - (EX10.9) wird mit *View* bezeichnet. Aus Alices Perspektive ist die Bindung des Attributs der Verantwortung für den Signaturprüfschlüssel pb an den Benutzer b zu allen Zeitpunkten z vor dem Zeitpunkt 10 authentisch. Es gilt für alle Zeitpunkte z vor dem Zeitpunkt 10:

$$Comp(AAI \cup View) \models HoldsAt(aut(b, attrib(\lambda, pb)), z)$$

Alle vorkommenden Ereignisse treten zu den Zeitpunkten 0 und 10 ein. Die folgende Antwort des PROLOG-Programms belegt, dass Attribut-Authentizität für den Ereignis-Zeitpunkt 0 hergeleitet werden kann. Somit gilt dies für alle Zeitpunkte ab 0 und vor 10:

```
?- holdsAt(aut(b,attrib(l,pb)),Z).

Z = 0 ;

No
```

Literaturverzeichnis

[1] ADAMS, Carlisle ; LLOYD, Steve: *Understanding PKI*. Zweite Ausgabe. Addison-Wesley, 2003

[2] AHO, Alfred V. ; HOPCROFT, John E. ; ULLMAN, Jeffrey D.: *Data Structures and Algorithms*. Addison Wesley, 1983

[3] AUSTIN, Tom: *PKI - A Wiley Tech Brief*. Wiley, 2001

[4] BETH, T. ; BORCHERDING, M. ; KLEIN, B.: Valuation of Trust in Open Networks. In: *Proceedings of 3rd European Symposium on Research in Computer Security (ESORICS94)*, 1994 (Lecture Notes in Computer Science 875), S. 3–18

[5] BRATKO, Ivan: *Prolog programming for artificial intelligence*. Addison Wesley, 1986

[6] Bundesamt für Sicherheit in der Informationstechnik (BSI): *Spezifikation interoperabler Verfahren und Komponenten nach SigG/SigV - Abschnitt 6 - Gültigkeitsmodell*. 1999. – Version 1.1A

[7] CERVESATO, Iliano ; CHITTARO, Luca ; MONTANARI, Angelo: What the Event Calculus actually does, and how to do it efficiently. In: *Proceedings of GULP-PRODE (2) Joint Conference on Declarative Programming*, 1994, S. 336–350

[8] CHADWICK, David: The X.509 Privilege Management Infrastructure. In: JERMAN-BLAZIC, Wolfgang Schneider B. (Hrsg.) ; KLOBUCAR, Tomaz (Hrsg.): *Proceedings of the NATO Advanced Networking Workshop on Advanced Security Technologies in Networking*, IOS Press, 2003

[9] CLARK, Keith L.: Negation as Failure. In: *Logic and Data Bases*, Plenum Press, 1978, S. 293–322

[10] DAM, Mads: Regular SPKI. In: *Security Protocols Workshop*, Springer, 2003 (Lecture Notes in Computer Science 3364), S. 134–150

[11] DEAN, Thomas ; ALLEN, James ; ALOIMONOS, Yiannis: *Artificial intelligence: theory and practice*. Addison-Wesley, 1995

[12] DIFFIE, Whitfield ; HELLMAN, Martin E.: New Directions in Cryptography. In: *IEEE Transactions on Information Theory* IT-22 (1976), Nr. 6, S. 644–654

[13] EVEN, Shimon ; GOLDREICH, Oded ; MICALI, Silvio: On-Line/Off-Line Digital Signatures. In: *Journal of Cryptology* 9 (1996), Nr. 1, S. 35–67

[14] GALTON, Antony: Temporal Logic. In: ZALTA, Edward N. (Hrsg.): *The Stanford Encyclopedia of Philosophy*. 2003

[15] HEINEMANN, Bernhard ; WEIHRAUCH, Klaus: *Logik für Informatiker*. B. G. Teubner, 1992

[16] HERMES, Hans: *Einführung in die mathematische Logik*. B. G. Teubner, 1976

[17] International Organization for Standardization (ISO): *ISO/IEC 9834-1 Information technology - Open Systems Interconnection - Procedures for the operation of OSI Registration Authorities: General procedures*. 1993

[18] International Organization for Standardization (ISO): *ISO/CD-15782-1, ISO/TC68/SC2, Certificate management for financial services - Part 1: Public key certificates*. 2003

[19] International Organization for Standardization (ISO): *ISO 8601 Data elments and interchange formats – Information interchange – Representation of dates and times*. 2004

[20] International Telecommunication Union (ITU): *Information technology - Open systems interconnection - The Directory: Public-key and attribute certificate frameworks (ITU-T Recommendation X.509)*. 2000

[21] International Telecommunication Union (ITU): *Information technology - Open Systems Interconnection - The Directory: Selected attribute types (ITU-T Recommendation X.520)*. 2001

[22] International Telecommunication Union (ITU): *X.500 Information technology - Open Systems Interconnection - The Directory: Overview of concepts, models and services*. 2001

[23] The Internet Engineering Task Force (IETF): *Lightweight Directory Access Protocol (v3): UTF-8 String Representation of Distinguished Names (RFC2253)*. 1997

[24] The Internet Engineering Task Force (IETF): *X.509 Internet Public Key Infrastructure Online Certificate Status Protocol - OCSP (RFC2560)*. 1999

[25] The Internet Engineering Task Force (IETF): *An Internet Attribute Certificate Profile for Authorization (RFC3281)*. 2002

[26] The Internet Engineering Task Force (IETF): *Internet X.509 Public Key Infrastructure, Certificate and Certificate Revocation List (CRL) Profile (RFC3280)*. 2002

[27] The Internet Engineering Task Force (IETF): *Standard Certificate Validation Protocol (SCVP) - Internet Draft*. Januar 2006

[28] JØSANG, Audun: An Algebra for Assessing Trust in Certification Chains. In: *Proceedings of the Network and Distributed Systems Security (NDSS99) Symposium*, 1999

[29] KOCHER, Paul C.: On Certificate Revocation and Validation. In: HIRSCHFELD, R. (Hrsg.): *Proceedings of Financial Cryptography (FC98)*, Springer, 1998 (Lecture Notes in Computer Science 1465), S. 172–177

[30] KOHLAS, Reto ; MAURER, Ueli: Confidence Valuation in a Public-Key Infrastructure Based on Uncertain Evidence. In: *Proceedings of Public Key Cryptography*, Springer (Lecture Notes in Computer Science 1751), 93–112

[31] KOHNFELDER, Loren M.: *Towards a Practical Public-Key Cryptosystem*. Bachelor's Thesis, 1978

[32] KOWALSKI, R ; SERGOT, M: A logic-based calculus of events. In: *New Generation Computing* 4 (1986), Nr. 1, S. 67–95

[33] LLOYD, John W.: *Foundations of Logic Programming*. Zweite Ausgabe. Springer, 1987

[34] LOPEZ, Javier ; OPPLIGER, Rolf ; PERNUL, Günther: Authentication and Authorization Infrastructures (AAIs): A Comparative Survey. In: *Computers & Security*, Elsevier, 2004, S. 578–590

[35] LORY, Peter: A Process-Oriented Model for Authentication on the Basis of a Coloured Petri Net. In: VAN DER AALST, Wil M. P. (Hrsg.) ; HOFSTEDE, Arthur H. M. (Hrsg.) ; WESKE, Mathias (Hrsg.): *Business Process Management (BPM2003)*, Springer, 2003 (Lecture Notes in Computer Science 2678), S. 232–245

[36] MARCHESINI, John ; SMITH, Sean: Modeling Public Key Infrastructures in the Real World. In: CHADWICK, David (Hrsg.) ; ZHAO, Gansen (Hrsg.): *Public Key Infrastructure: Second European PKI Workshop: Research and Applications (EuroPKI2005)*, Springer, 2005 (Lecture Notes in Computer Science 3545), S. 118–134

[37] MAURER, Ueli: Modelling a Public-Key Infrastructure. In: BERTINO, E. (Hrsg.): *Proceedings of 1996 European Symposium on Research in Computer Security (ESORICS96)*, Springer, 1996 (Lecture Notes in Computer Science 1146), S. 325–350

[38] MAURER, Ueli: New Approaches to Digital Evidence. In: *Proceedings of the IEEE* 92 (2004), Nr. 6, S. 933–947

[39] McCARTHY, J. ; HAYES, P.: Some philosophical problems from the standpoint of Artificial Intelligence. In: B., Meltzer (Hrsg.) ; D., Michie (Hrsg.): *Machine Intelligence 4*, American Elsevier Publishing Co., 1969, S. 463–502

[40] MENEZES, Alfred J. ; OORSCHOT, Paul C. ; VANSTONE, Scott A.: *Handbook of Applied Cryptography*. CRC Press, 1965

[41] MERKLE, R. C.: A certified digital signature. In: *Advances in cryptology (CRYPTO89)*, Springer, 1989 (Lecture Notes in Computer Science 435), S. 218–238

[42] MICALI, Silvio: Efficient Certificate Revocation / Massachusetts Institute of Technology. 1996 (MIT/LCS/TM-542b). – Forschungsbericht

[43] MILLEN, J. ; WRIGHT, R.: Reasoning About Trust and Insurance in a Public Key Infrastructure. In: *13th IEEE Computer Security Foundations Workshop*, 2000, S. 16–22

[44] NAOR, Moni ; NISSIM, Kobbi: Certificate Revocation and Certificate Update. In: *Proceedings 7th USENIX Security Symposium*, 1998

[45] NASH, Andrew ; DUANE, William ; JOSPEH, Celia ; BRINK, Derek: *PKI e-security implementieren*. RSA Press, 2002

[46] National Institute of Standards and Technology (NIST): *Federal Public Key Infrastructure (PKI) X.509 Certificate and CRL Extensions Profile*. 2002

[47] National Security Agency (NSA): *X.509 Certificate and Certification Revocation List Profiles and Certification Path Processing Rules for MISSI (Revision 3.0)*

[48] NERODE, Anil ; SHORE, Richard A.: *Logic for applications*. Zweite Ausgabe. Springer, 1997

[49] NILSSON, Ulf ; MAŁUSZYŃSKI, Jan: *Logic, Programming and PROLOG*. Zweite Ausgabe. John Wiley and Sons, 2000

[50] PERLMAN, Radia: An Overview of PKI Trust Models. In: *IEEE Network* 13 (1999), Nr. 6, S. 38–43

[51] PRIOR, A.N.: *Time and Modality*. Oxford Clarendon Press, 1957

[52] PRIOR, A.N.: *Past, Present and Future*. Oxford Clarendon Press, 1967

[53] PRIOR, A.N.: *Papers on Time and Tense*. Oxford Clarendon Press, 1969

[54] RIVEST, R.L. ; SHAMIR, A. ; ADLEMAN, L.: A Method for Obtaining Digital Signatures and Public-Key Cryptosystems. In: *Communications of the ACM* Bd. 21, 1978, S. 120–126

[55] RUSSELL, Stuart ; NORVIG, Peter: *Künstliche Intelligenz - Ein moderner Ansatz*. Pearson, 2004

[56] SCHÖNING, Uwe: *Logik für Informatiker*. Fünfte Auflage. Spektrum Akademischer Verlag, 2000

[57] SHANAHAN, Murray: *Solving the Frame Problem*. MIT Press, 1997

[58] SHANAHAN, Murray: The Event Calculus Explained. In: WOOLDRIDGE, M.J. (Hrsg.) ; VELOSO, M. (Hrsg.): *Artificial Intelligence Today*, Springer, 1999 (Lecture Notes in Artificial Intelligence 1600), S. 409–430

[59] SHANAHAN, Murray: An abductive event calculus planner. In: *Journal of Logic Programming* 44 (2000), Nr. 1-3, S. 207–240

[60] STERLING, Leon ; SHAPIRO, Ehud: *The Art of Prolog.* Zweite Ausgabe. MIT Press, 1994

[61] STOCK, Oliviero (Hrsg.): *Spatial and Temporal Reasoning.* Kluwer Academic Publishers, 1997

[62] TAUSCHEK, Philip: *Auswahl und Erstellung erfolgreicher Anwendungen für Trust Service Infrastrukturen,* Universität Regensburg, Diss., 2001

[63] TeleTrusT Deutschland e.V.: *Common ISIS-MTT Specifications for Interoperable PKI Applications.* 2004

[64] WIELEMAKER, Jan: An overview of the SWI-Prolog Programming Environment. In: MESNARD, Fred (Hrsg.) ; SEREBENIK, Alexander (Hrsg.): *Proceedings of the 13th International Workshop on Logic Programming Environments,* Katholieke Universiteit Leuven, 2003, S. 1–16

[65] ZIMMERMAN, Phil: *PGP User's Guide.* MIT Press, 1994

Printed in the United States
By Bookmasters